JN081862

レンチン＆トースター＆作り置きで！

朝悩まない お弁当

はるめし

はじめに

はじめまして。はるめしです。
数あるレシピ本の中から、
この本を手に取っていただきありがとうございます!

私は普段YouTubeでお弁当おかずのレシピを紹介しています。
もともと料理が好きで様々なレシピを紹介していましたが、
お弁当おかずのレシピを作るようになったのは、
友人から「毎日お弁当を作るのが大変すぎる…」という
悩みを聞いたことがきっかけでした。
同じような悩みを持つ方の力になりたい。そう思って
お弁当おかずの投稿を始めたところ、たくさんの方に見ていただき、
このたび1冊の本にまとめることになりました。

私のお弁当おかずのテーマは、
「時間をかけず簡単においしく作れる」こと。
この本には忙しい朝でも作れるように、
下味冷凍や作り置きできるものをぎゅっとまとめました。
電子レンジやトースターで作れるおかずも多く載せたので、
料理初心者さんも挑戦しやすいと思います。

そしてもう1つ私のおかず作りのテーマである
「見た目がかわいいおかず」も掲載しています。
お弁当箱を開けたときに思わず笑顔になってしまうような、
かわいいおかずもたくさん紹介しているのでぜひ参考にしてみてください。

この本で、毎日のお弁当作りが少しでもラクになりますように。
みなさんのお手伝いができたらとても嬉しく思います。

はるめし

Let's challenge!

Contents

Part 1
人気おかずで 1週間弁当

Part 2
肉・魚介の メインおかず

豚肉

鶏肉

牛肉

ひき肉

魚介

Part 3
野菜の 色別おかず

緑

Part 4
卵・加工品の おかず

Part 5
かわいい すきまおかず

この本ではお弁当作りの こんなお悩みを解決します!

お悩み1 朝の時間がなくていちから作るのが大変!

Answer!

本書で紹介している**メインおかずはすべて下味冷凍できる**レシピです。週末や時間のあるときに調理して冷凍し、前日のうちに解凍(フライは解凍なしでOK!)、当日は焼いたり揚げたりするだけで大丈夫。下味で漬け込んでいるので味もしっかり染み込みます。

お悩み2 おかずがワンパターンになりがち

Answer!

本書に掲載している**レシピは全部で206品!** メインのおかずは53品、副菜やすきまおかずは146品、ごはんものは7品掲載しているので、飽きずにさまざまな組み合わせを楽しんでいただけます。また「Part3 野菜の色別おかず」では、**いろいろな野菜に使える基本の6つの味付け**を紹介しているので好きな野菜でアレンジも可能です。

お悩み③　全体的に茶色っぽくなってしまう

緑

白・茶

紫

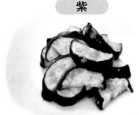

赤・黄

Answer!

「Part 3 野菜の色別おかず」では**緑、赤・黄、紫、白・茶と色別に4つのカテゴリー**に分けて野菜のおかずを紹介しています。彩りが足りない場合は、ここから足りない色のおかずを探して作ってみてください。

お悩み④　子どもに喜んでもらえるお弁当を作りたい！

Answer!

YouTubeでよくリクエストをいただくのが、お子さん向けのかわいいおかずの作り方。「Part 5 かわいいすきまおかず」ではYouTubeで人気なものを中心に**全16品のすきまおかずを掲載**しています。お子さん向けのお弁当やちょっとしたすきまに、ぜひ入れてみてください。

お弁当作りで使う主な道具

この本のお弁当おかず作りで使った主な道具をご紹介します。
調理器具のほか、あると便利な飾り用アイテムも載せているので参考にしてみてください。

調理用

フライパン

本書のレシピでは、フッ素樹脂加工の
フライパンを使っています。くっつ
きやすいフライパンを使用する場合は、
様子を見て油の量を調節してください。

卵焼き器

卵焼きを作るときにはこれ。丸いフラ
イパンよりも成形の失敗が少なく、簡
単にきれいな形に作ることができます。
少量のおかずを調理するときにもおす
すめです。

フライ返し・ヘラ

シリコン製やナイロン製のものがおす
すめ。軽くて使いやすく、フライパン
を傷つけにくい素材です。ほどよい硬
さがあるので、重いものを返すときに
曲がる心配もありません。

トング

肉や魚などを返すときに便利。掴む部
分がシリコン製のものがフライパンを
傷つけにくいのでおすすめです。調理
だけなく料理の盛り付けにも使えます。

菜箸

竹製のものがおすすめ。熱伝導が低い
ため揚げ物をするときにも持ち手が熱
くなりにくく、高温の油でも溶ける心
配がありません。

ガラス製耐熱ボウル（直径21cm）

電子レンジで調理する料理には必須。
大きめで深さがあるため、吹きこぼれ
の心配もありません。ガラス製で匂い
や色移りがなく、油汚れを落としやす
い点も便利です。

ココット

Part4で紹介している「ハムカップ」
などに使用。卵を割り入れるときは
こぼれないように直径7cmほどのもの、
小さめのおかずを作る場合は直径5cm
ほどのものがおすすめです。

冷凍用ジッパー付き
保存袋（マチなし）・ビニール袋

ジッパー付き保存袋はPart2で紹介し
ている下味冷凍レシピに使用。厚さ
0.07mm以上のものなら冷凍した場合も
食材の乾燥や酸化を防げます。ビニー
ル袋は大きめのものだと、食材と調味
料を混ぜるときに混ぜやすいです。

飾り用

クッキー型

見た目のかわいいすきまおかずを作るとき
に欠かせない道具。P81「型抜きポテト」
やP122「はんぺんの花」などに使用してい
ます。他にもにんじん、ハム、はんぺんな
どさまざまな食材の型抜きに使えます。

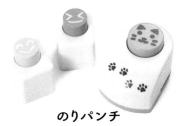

のりパンチ

お子さん向けのお弁当を作るときにぜ
ひ用意したいアイテム。のりで顔のパー
ツを作っておかずにのせるだけで簡
単にかわいい印象に!

用意しておくと便利なもの

ピック類

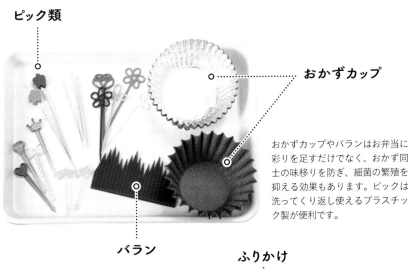

おかずカップ

おかずカップやバランはお弁当に
彩りを足すだけでなく、おかず同
士の味移りを防ぎ、細菌の繁殖を
抑える効果もあります。ピックは
洗ってくり返し使えるプラスチッ
ク製が便利です。

バラン

ふりかけ

漬け物

のり

ごま

ごまやのりはPart 5で紹介してい
るすきまおかずの目や口などのパー
ツに使用。おかずの色がさみし
いときは漬け物で彩りを足したり、
白ごはんにごまやふりかけをふる
だけでも印象が変わります。

この本のレシピの見方

① 材料

メインの材料、サブの材料、調味料の順番に記載しています。作り置きしやすい2人分を基本に、レシピによっては作りやすい分量を書いています。

③ アイコン

下味冷凍可能なレシピ、電子レンジ・トースターで調理できるレシピは、レシピ名の横にアイコンがついています。レシピを選ぶ際の参考にしてください。

下味冷凍　電子レンジ　トースター

② 作り方

調理の手順です。野菜類は特に指定のない場合は洗う、皮をむくなどの下準備をすませてからの手順を記載しています。

④ 保存期間

冷蔵保存・冷凍保存できるレシピは保存期間の目安が書いてあります。
日数はきちんと密閉し、清潔な箸などで出し入れした場合の目安です。

冷蔵　3日　・　冷凍　1ヶ月

本書のレシピについて

● 材料の表記は大さじ1=15cc（15㎖）、小さじ1=5cc（5㎖）、1カップ=200cc（200㎖）です。
● 電子レンジは600Wを使用しています。500Wの場合は、1.2倍を目安に様子を見て加熱時間を加減してください。
● トースターは1000W・230℃のものを使用した場合の目安です。温度設定のできないトースターや機種ごとの個体差もありますので、様子を見て加熱時間を加減してください。

● レシピには目安となる分量や調理時間を表記していますが、様子を見て加減してください。
● お弁当の飾りとして使用した材料やごはんは、明記していない場合があります。お好みで追加してください。
● 火加減は特に指定のない場合は中火で調理しています。

人気おかずで
1週間弁当

ハンバーグ、ささみフライ、豚肉の炒め物など
大人も子どもも大好きなおかずを使ったお弁当をご紹介。
平日5日分の組み合わせを紹介しているので、
悩んだら、まずはここからマネしてみてください。

Day 1
豚肉甘辛炒め 弁当

主菜1品＋野菜の副菜2品のスタンダードな
お弁当。彩りも栄養バランスも◎

オクラのおひたし

かぼちゃ塩バター

豚肉甘辛炒め

豚肉甘辛炒め ……

下味冷凍

冷蔵 3日 ・ 冷凍 1ヶ月

材料 (2人分)

豚こま切れ肉 ……………………………… 200g
玉ねぎ ……………………………………… ¼個
しょうゆ ………………………………… 大さじ1強
酒、みりん ……………………………… 各大さじ1
砂糖、酢 ………………………………… 各小さじ1

下準備

1 玉ねぎはくし切りにする。

2 ジッパー付き保存袋に **1** と残りの材料を入れて揉む。平らにして空気を抜いて冷凍する。

調理

3 使う前日の晩に下味冷凍を冷蔵庫に移して解凍する。フライパンに入れ、中火で火が通るまで炒める。

> **Point**
> 解凍し忘れた場合は冷水に10分ほど浸けておく。

●下味冷凍の保存方法

具材に下味が染み込むようによく揉んで、空気を抜いて平らにしてから冷凍する。炒め物などは、基本的に使う前日の晩に冷蔵庫に移して解凍しておく。フライは解凍せずそのまま揚げてOK。1ヶ月を目安に食べきる。

オクラのおひたし

電子レンジ

| 冷蔵 | 3日 | .... |

材料（2人分）

オクラ	6本
塩（板ずり用）	小さじ½
水	大さじ½
Ⓐ 水	60cc
めんつゆ（3倍濃縮）	20cc
しょうが	少々

調 理

1 Ⓐを耐熱容器に入れ、ラップなしで電子レンジで2分加熱する。

2 オクラのガクぎりぎりを切り落とし、塩で板ずりし流水で洗う。

Point

ガクぎりぎりを切ると中に水が入らないので、オクラがつぶれずきれいな形に仕上がる。

3 耐熱容器にオクラの上下が交互になるように並べて水をかける。ふたを斜めにおき、電子レンジで1分10秒加熱する。

4 ①をかける。

かぼちゃ塩バター

冷蔵　5日　・　冷凍　2週間 ……………

電子レンジ

材料（2人分）

かぼちゃ ……………………………………	100g
水 ………………………………………………	小さじ1
Ⓐ バター ………………………………	10g
塩 ………………………………………	少々

調理

1 かぼちゃは1cm厚さの薄切りにし、4等分に切る。

2 耐熱容器にかぼちゃと水を入れる。少しすきまを開けてラップをし、電子レンジで3分加熱する。

3 余分な水気をキッチンペーパーでふき取り、Ⓐを加えて和える。

Point

味がぼやけないように、余分な水気はしっかりふき取る。

Day 2
鶏むね肉の
大葉チーズ丸め焼き 弁当

大葉とチーズ入りの丸め焼きは何個でも食べたくなる
おいしさ。にんじんと卵で彩りをプラスして！

鶏むね肉の
大葉チーズ丸め焼き

にんじんの
たらこ和え

ベーコンエッグ

鶏むね肉の 大葉チーズ丸め焼き ·············

下味冷凍

冷蔵 3日 ・ 冷凍 2週間

材料（2人分）

鶏むね肉 ··············	1枚(350g)
大葉 ··············	6枚
チーズ ··············	20g
片栗粉、マヨネーズ ··········	各大さじ1
しょうゆ ··············	大さじ½
塩 ··············	小さじ¼

下準備

1 鶏むね肉は粗みじん切りにする。大葉は細切りにする。

2 ジッパー付き保存袋にすべての材料を入れて揉む。平らにして空気を抜いて冷凍する。

調理

3 解凍した **2** を少量ずつ丸く成形してフライパンに並べ、中火で焼く。ジュージュー音がしはじめたら3分ほど焼き、焼き目がついたら裏返す。

4 水大さじ1（分量外）を加えてふたをして1～2分蒸し焼きにする。

にんじんのたらこ和え

冷蔵 5日 ・ 冷凍 2週間

材料（2人分）

電子レンジ

にんじん ··············	1本(150g)
A たらこ ··············	30g
めんつゆ（3倍濃縮）、ごま油	
··············	各大さじ½

作り方

1 にんじんはピーラーで縦方向に薄くスライスする。

2 耐熱容器に**A**を入れて混ぜ合わせる。**1**を入れて少しすきまを開けてラップをし、電子レンジで3分加熱する。

3 全体をよく混ぜる。

ベーコンエッグ

冷蔵 3日 ・ 冷凍 2週間

材料（2個分）

卵 ··············	1個
ハーフベーコン ··············	2枚
マヨネーズ ··············	小さじ1
サラダ油 ··············	適量

作り方

1 ボウルに卵を割り入れ、マヨネーズを加えてよく混ぜる。

2 卵焼き器にサラダ油をひき、中火で温める。ベーコンを並べてすぐに**1**を注ぎ、全体に広げる。

3 弱火にして卵液が固まるまで焼き、箸でベーコンの間の卵を切る。

4 1つずつ端からくるくる巻く。

Day 3
ハンバーグ 弁当

子どもも大人も大好きなハンバーグに、
ポテトと甘いにんじんグラッセを添えて♪

のり塩ポテト

ハンバーグ

にんじんグラッセ

ハンバーグ

下味冷凍

| 冷蔵 | 3日 | ・ | 冷凍 | 1ヶ月 |

材料（4〜6個分）

Ⓐ 合いびき肉 ……………………… 250g
　玉ねぎ ……………………………… ¼個
　卵 …………………………………… 1個
　パン粉 ……………………… 大さじ4
　牛乳 ………………………… 大さじ3
　塩 ……………………………… 小さじ¼
　こしょう ………………………… 少々
　ナツメグ（あれば）……………… 5ふり
Ⓑ ウスターソース、
　　トマトケチャップ … 各大さじ4
　砂糖、しょうゆ ……… 各大さじ1
　バター ……………………………… 5g

下準備

1. 玉ねぎはみじん切りにする。

2. Ⓐをジッパー付き保存袋に入れて揉む。平らにして空気を抜いて冷凍する。

調理

3. 解凍した 2 は袋の端を切り、フライパンに¼〜⅙量ずつ円形に絞り出す。

4. 中火で焼き、焼き色がついたら裏返し、水大さじ3（分量外）を加えてふたをして2分ほど蒸し焼きにする。

5. Ⓑを加え、ふつふつしたらさらに2分ほど煮てよく絡める。

のり塩ポテト

| 冷蔵 | 3日 | ・ | 冷凍 | 2週間 |

材料（2人分）

電子レンジ

トースター

じゃがいも ……………………… 1個
Ⓐ オリーブオイル …… 小さじ2
　青のり ………………… 小さじ1
　塩 …………………………… 少々

作り方

1. じゃがいもは皮をむいてくし切りにする。耐熱容器に入れて少しすきまを開けてラップをし、電子レンジで2分30秒加熱する。

2. アルミホイルを敷いた天板に 1 を並べ、Ⓐをかけて絡ませる。トースターで10〜15分焼く。

にんじんグラッセ

| 冷蔵 | 5日 | ・ | 冷凍 | 2週間 |

材料（2人分）

電子レンジ

にんじん …………………… 1本(150g)
砂糖 ………………………… 大さじ1と½
バター ………………………………… 10g
塩 …………………………………… 少々

作り方

1. にんじんは1cm厚さの輪切りにする。好みでクッキー型で型抜きしてもOK。

2. 耐熱容器にすべての材料を入れて少しすきまを開けてラップをし、電子レンジで2分加熱する。

3. 一度取り出してかき混ぜ、ラップなしでさらに1分加熱する。

Day 4
鮭みりん焼きのっけ ^{弁当}

鮭が主役の和風のっけ弁当！
ごはんはのり弁にするのがオススメです。

ちくわ磯辺揚げ

ごぼうとにんじんのきんぴら

鮭みりん焼き

鮭みりん焼き

下味冷凍

[冷蔵] [3日] ・ [冷凍] [1ヶ月]

材料 (2人分)

生鮭	2切れ
塩	小さじ½
Ⓐ みりん、しょうゆ	各大さじ2と½

下準備

1 鮭は塩をふって10分おき、キッチンペーパーで水気をふき取る。

2 ジッパー付き保存袋に鮭とⒶを入れて揉み、空気を抜いて冷凍する。

調理

3 フライパン用ホイルを敷いたフライパンに解凍した 2 を並べ、中火で3〜4分焼く。裏返して水小さじ1 (分量外) を加え、弱火でふたをして3〜4分蒸し焼きにする。

ちくわ磯辺揚げ

[冷蔵] [5日] ・ [冷凍] [2週間]

材料 (2人分)

ちくわ	2本
Ⓐ 小麦粉	大さじ2
水	大さじ1と½
青のり	小さじ1
塩	少々

作り方

1 ちくわは縦半分に切る。

2 Ⓐを合わせてちくわに絡める。

3 多めのサラダ油 (分量外) をひいたフライパンで揚げ焼きにする。

ごぼうとにんじんのきんぴら

[冷蔵] [5日] ・ [冷凍] [2週間]

材料 (2人分)

電子レンジ

ごぼう	120g
にんじん	40g
Ⓐ みりん	大さじ1と½
しょうゆ	大さじ1
砂糖	大さじ½
顆粒和風だしの素	小さじ½
Ⓑ 白すりごま	大さじ1
ごま油	小さじ1

作り方

1 ごぼうとにんじんは千切りにする。

2 耐熱容器に 1 とⒶを入れて混ぜ、少しすきまを開けてラップをして電子レンジで3分加熱する。

3 一度取り出して全体を混ぜ、真ん中をあけるようにして具を周りに寄せ、ラップなしでさらに2分30秒加熱する。

4 Ⓑを加えてよく混ぜる。

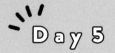

Day 5
ささみフライ 弁当

食べやすいささみフライとハムチーズ巻きは、
小さなお子さんにもおすすめの組み合わせです。

いんげんのごま和え

ささみフライ

ハムチーズのくるくる巻き

ささみフライ

下味冷凍

冷蔵 3日 ・ 冷凍 1ヶ月

材料（2人分）

鶏ささみ ……………………… 2本
Ⓐ 小麦粉、水 …………… 各大さじ2
　 マヨネーズ ………………… 小さじ1
パン粉 ……………………………… 少々

下準備

1 ささみは筋をとって半分に切る。ラップをして上から手で押して平らにする。

2 ささみに合わせたⒶ、パン粉の順で衣をつけて1つずつラップで包み、ジッパー付き保存袋に入れて空気を抜いて冷凍する。

調理

3 フライパンに1cm深さの揚げ油（分量外）を入れ、凍ったままの**2**を入れて中火で揚げる。揚げ色がついたら裏返してさらに2分ほど揚げる。

いんげんのごま和え

電子レンジ

冷蔵 3日 ・ 冷凍 2週間

材料（2人分）

いんげん ……………………… 100g
Ⓐ 白すりごま ………… 大さじ2
　 砂糖、しょうゆ
　 　　　　　　 …… 各大さじ½
　 顆粒和風だしの素 … 小さじ¼

作り方

1 いんげんは水で洗い、水気が付いたままラップに包んで電子レンジで1分30秒加熱する。

2 流水で冷やしてキッチンペーパーで水気をふき取り、3〜4等分に切ってⒶで和える。

ハムチーズのくるくる巻き

電子レンジ

冷蔵 3日

材料（2人分）

ハム ……………………………… 1枚
スライスチーズ ………………… 1枚

作り方

1 ラップにハム、チーズの順にのせてはみ出たチーズを内側に折る。電子レンジで10秒加熱する。

2 端からくるくる巻いてラップで固定する。粗熱がとれたら食べやすい大きさに切る。

お弁当の詰め方

意外ときれいに詰めるのがむずかしいお弁当。
ここではメインおかず1品＋副菜2品の場合を例に、
上手にお弁当を詰めるコツをご紹介します。

1

ごはんを詰めて冷ます。断面が斜めになるようにするとおかずを詰めやすい。

2

ごはんの上に大葉やレタスをのせる。ない場合はバランでもOK。

3

2の大葉やレタスの上にメインおかずをのせる。

4

固形の副菜を詰める。

5

和え物などの副菜をおかずカップに入れ、あいているスペースに詰める。

6

完成！

色味が足りなかったり、すきまがある場合はミニトマトや漬け物で埋める。

肉・魚介の
メインおかず

豚肉・鶏肉・牛肉から魚介まで。
お弁当の主役おかず全48品をご紹介。
すべて下味冷凍で作り置きができるので、時間のあるときに
まとめて作っておけば忙しい朝も安心です！

ポークチャップ

`冷蔵` `3日` ・ `冷凍` `1ヶ月`

下味冷凍

材料（2人分）

豚こま切れ肉	200g
玉ねぎ	¼個
トマトケチャップ	大さじ2
みりん、ウスターソース	各大さじ1
砂糖	小さじ1
顆粒コンソメスープの素、にんにくチューブ	各小さじ½
こしょう	少々

作り方

1. 玉ねぎはくし切りにする。

2. ジッパー付き保存袋にすべての材料を入れて揉む。空気を抜いて平らにして冷凍する。

3. 解凍した 2 をフライパンに入れ、中火で炒める。

豚こまのにんにくしょうが炒め

`冷蔵` `3日` ・ `冷凍` `1ヶ月`

下味冷凍

材料（2人分）

豚こま切れ肉	200g
玉ねぎ	¼個
しょうゆ	大さじ1強
酒、みりん	各大さじ1
砂糖、にんにくチューブ、しょうが、酢	各小さじ1

作り方

1. 玉ねぎはくし切りにする。

2. ジッパー付き保存袋にすべての材料を入れて揉む。空気を抜いて平らにして冷凍する。

3. 解凍した 2 をフライパンに入れ、中火で炒める。

豚こまのねぎ塩炒め

下味冷凍

冷蔵 3日 ・ 冷凍 1ヶ月

材料（2人分）

豚こま切れ肉 ……………………………… 200g
長ねぎ ……………………………………… ½本
酒 …………………………………………… 大さじ1
顆粒鶏ガラスープの素、みりん、ごま油
……………………………………… 各大さじ½
しょうがチューブ、にんにくチューブ
……………………………………… 各小さじ½
こしょう …………………………………… 少々

作り方

1 長ねぎは斜め薄切りにする。

2 ジッパー付き保存袋にすべての材料を入れて揉む。空気を抜いて平らにして冷凍する。

3 解凍してフライパンに入れ、中火で炒める。

豚こまの甘酢炒め

下味冷凍

冷蔵 3日 ・ 冷凍 1ヶ月

材料（2人分）

豚こま切れ肉 ……………………………… 200g
パプリカ（黄、赤）………………………… 各½個
砂糖、しょうゆ、酢 ……………… 各大さじ1強
ごま油 ……………………………………… 小さじ2

作り方

1 パプリカは細切りにする。

2 ジッパー付き保存袋にすべての材料を入れて揉む。空気を抜いて平らにして冷凍する。

3 解凍してフライパンに入れ、中火で炒める。

豚こまのカレー炒め

下味冷凍

| 冷蔵 | 3日 | ・ | 冷凍 | 1ヶ月 |

材料（2人分）

豚こま切れ肉 ……………………………………… 200g
ピーマン ……………………………………………… 1個
玉ねぎ ……………………………………………… ¼個
ウスターソース ………………………… 大さじ1と½
カレー粉、みりん ……………………… 各大さじ1
しょうがチューブ、にんにくチューブ
……………………………………………… 各小さじ½

作り方

1 ピーマンは細切り、玉ねぎはくし切りにする。

2 ジッパー付き保存袋にすべての材料を入れて揉む。空気を抜いて平らにして冷凍する。

3 解凍してフライパンに入れ、中火で炒める。

豚こまのコチュジャン炒め

下味冷凍

| 冷蔵 | 3日 | ・ | 冷凍 | 1ヶ月 |

材料（2人分）

豚こま切れ肉 ……………………………………… 200g
玉ねぎ ……………………………………………… ¼個
コチュジャン、酒、みりん …………… 各大さじ1
砂糖、ごま油、しょうゆ ……………… 各大さじ½
にんにくチューブ ……………………… 小さじ½

作り方

1 玉ねぎはくし切りにする。

2 ジッパー付き保存袋にすべての材料を入れて揉む。空気を抜いて平らにして冷凍する。

3 解凍してフライパンに入れ、中火で焼く。

豚こまの玉ねぎソース炒め

下味冷凍

冷蔵　3日　・　冷凍　1ヶ月

材料（2人分）

豚こま切れ肉	200g
玉ねぎ	¼個
しょうゆ	大さじ1強
みりん	大さじ1
砂糖、酢	各大さじ½
にんにくチューブ	小さじ½

作り方

1. 玉ねぎはすりおろす。

2. ジッパー付き保存袋にすべての材料を入れて揉む。空気を抜いて平らにして冷凍する。

3. 解凍してフライパンに広げ、中火で炒める。

豚こまの焼肉のたれ焼き

下味冷凍

冷蔵　3日　・　冷凍　1ヶ月

材料（2人分）

豚こま切れ肉	200g
玉ねぎ	¼個
焼肉のたれ	大さじ2
ごま油	大さじ½
塩こしょう	少々

作り方

1. 玉ねぎはくし切りにする。

2. ジッパー付き保存袋にすべての材料を入れて揉む。空気を抜いて平らにして冷凍する。

3. 解凍してフライパンに広げ、中火で炒める。

豚肉

豚ロースしょうが焼き

下味冷凍

冷蔵 3日 ・ 冷凍 1ヶ月

材料（2人分）

豚ロース薄切り肉 ……………………………… 200g
しょうゆ ……………………………… 大さじ1強
しょうがチューブ、酒、みりん …… 各大さじ1
砂糖、ごま油 ……………………………… 各小さじ1

作り方

1 ジッパー付き保存袋にすべての材料を入れて揉む。空気を抜いて平らにして冷凍する。

2 解凍してフライパンに広げ、中火で焼く。

3 火が通ったら肉を取り出す。タレはとろみがつくまで煮詰め、肉に絡める。

豚ロースみそ漬け

下味冷凍

冷蔵 3日 ・ 冷凍 1ヶ月

材料（2人分）

豚ロース厚切り肉 ……………………………… 2枚
みそ ……………………………… 大さじ1と½
砂糖、酒、しょうゆ、みりん ……… 各大さじ½

作り方

1 豚肉は脂身に切れ目を入れる。

2 ジッパー付き保存袋にすべての材料を入れて揉む。空気を抜いて冷凍する。

3 解凍してフライパン用ホイルを敷いたフライパンに並べる。ふたをして弱火で5分蒸し焼きにし、裏返してさらに3〜4分焼く。

とんてき風 [冷蔵] [3日] ・ [冷凍] [1ヶ月] ············

下味冷凍

材料（2人分）

豚ロース厚切り肉 ············	2枚
塩こしょう ············	少々
ウスターソース ············	大さじ1と½
みりん ············	大さじ1
しょうゆ ············	大さじ½
にんにくチューブ ············	小さじ½

作り方

1 豚肉はたたいて塩こしょうをふり、5〜6等分に切る。

2 ジッパー付き保存袋にすべての材料を入れて揉む。空気を抜いて冷凍する。

3 解凍してフライパンに入れ、中火で焼く。

とんかつ [冷蔵] [3日] ・ [冷凍] [1ヶ月] ············

下味冷凍

材料（2人分）

豚ロース厚切り肉 ············	2枚
塩こしょう ············	少々
Ⓐ 小麦粉、水 ············	各大さじ2
マヨネーズ ············	小さじ1
パン粉 ············	適量

作り方

1 豚肉は脂身に切れ目を入れ、塩こしょうをふって下味を付ける。

2 Ⓐを合わせる。豚肉にⒶ、パン粉の順で衣を付けて1つずつラップに包み、ジッパー付き保存袋に入れて空気を抜いて冷凍する。

3 フライパンに1cm深さの揚げ油（分量外）を入れ、2を凍ったままフライパンに並べる。中火で揚げ色がつくまで揚げ、裏返してさらに2分ほど揚げる。

からあげ ･････････････････････････

下味冷凍

`冷蔵` `3日` ・ `冷凍` `1ヶ月`

材料（2人分）

Ⓐ 鶏もも肉 ･･････ 1枚 (350g)
　 しょうゆ ･･････････ 大さじ2
　 酒、みりん ･･･ 各大さじ1
　 ごま油 ････････････ 大さじ½
　 しょうがチューブ、
　 　にんにくチューブ
　 ･････････････ 各小さじ½
片栗粉 ････････････････ 大さじ4

作り方

1 鶏肉は大きめの一口大に切る。

2 ジッパー付き保存袋にⒶをすべて入れて揉み、空気を抜いて冷凍する。

3 解凍して汁を捨て、キッチンペーパーで余分な水気をふき取る。片栗粉を全体にまぶす。

4 フライパンに1cm深さの揚げ油（分量外）を入れ、鶏肉を並べる。中火にかけ、音がしはじめたら5分ほど揚げ焼きにする。

鶏ももの
コチュジャン焼き ･････････

下味冷凍

`冷蔵` `3日` ・ `冷凍` `1ヶ月`

材料（2人分）

鶏もも肉 ･･･････････ 1枚 (350g)
コチュジャン、酒、みりん
　･･･････････････････ 各大さじ1
砂糖、ごま油、しょうゆ
　･･･････････････････ 各大さじ½
にんにくチューブ ･･ 小さじ½
塩こしょう ･･･････････････ 少々

作り方

1 鶏肉は大きめの一口大に切る。

2 ジッパー付き保存袋にすべての材料を入れて揉み、空気を抜いて冷凍する。

3 解凍してフライパンに入れ、ふたをして弱めの中火で4分ほど蒸し焼きにする。ふたを外して肉を裏返し、さらに2分ほど焼く。

バーベキューチキン

下味冷凍

冷蔵 3日 ・ 冷凍 1ヶ月

材料（2人分）

鶏もも肉 …………… 1枚（350g）
トマトケチャップ … 大さじ2
中濃ソース、みりん
　　　　　　　…… 各大さじ1
砂糖、しょうゆ …… 各大さじ½
にんにくチューブ …… 小さじ½

作り方

1　鶏肉は大きめの一口大に切る。

2　ジッパー付き保存袋にすべての材料を入れて揉み、空気を抜いて冷凍する。

3　解凍してフライパンに入れ、ふたをして弱めの中火で4分ほど蒸し焼きにする。ふたを外して肉を裏返し、さらに2分ほど焼く。

タンドリーチキン ………

下味冷凍

冷蔵 3日 ・ 冷凍 1ヶ月

材料（2人分）

鶏もも肉 …………… 1枚（350g）
プレーンヨーグルト（無糖）
　　　　　　　…………… 大さじ3
トマトケチャップ … 大さじ2
カレー粉 …………… 大さじ1
砂糖、しょうゆ …… 各大さじ½
にんにくチューブ … 小さじ1

作り方

1　鶏肉は大きめの一口大に切る。

2　ジッパー付き保存袋にすべての材料を入れて揉み、空気を抜いて冷凍する。

3　解凍してフライパンに入れ、中火で焼き目がつくまで焼く。裏返してふたをして弱火で3分ほど蒸し焼きにする。

鶏肉

ねぎ塩レモンチキン

冷蔵 3日 ・ 冷凍 1ヶ月

材料（2人分）

鶏もも肉 ……………………………… 1枚（350g）
長ねぎ ……………………………………… ⅓本
ごま油、酒 ……………………………… 各大さじ1
顆粒鶏ガラスープの素、レモン汁 ‥ 各大さじ½
塩 ……………………………………… 小さじ¼
こしょう ……………………………………… 少々

作り方

1 鶏肉は大きめの一口大に切る。長ねぎは粗みじん切りにする。

2 ジッパー付き保存袋にすべての材料を入れて揉み、空気を抜いて冷凍する。

3 解凍してフライパンに入れ、中火で焼き目がつくまで焼く。裏返してふたをして弱火で3分ほど蒸し焼きにする。

鶏ももガリバタしょうゆ

冷蔵 3日 ・ 冷凍 1ヶ月

材料（2人分）

Ⓐ 鶏もも肉 …………………………… 1枚（350g）
　 酒、しょうゆ、みりん …………… 各大さじ1
　 砂糖、にんにくチューブ ……… 各小さじ1
　 塩こしょう ……………………………… 少々
バター ……………………………………… 10g

作り方

1 鶏肉は大きめの一口大に切る。

2 ジッパー付き保存袋にⒶを入れて揉み、空気を抜いて冷凍する。

3 解凍してキッチンペーパーで鶏肉の汁気をふき取る。袋に残った汁はとっておく。

4 フライパンにバターを入れて中火にかけ、❸を加えて焼き目がつくまで焼く。汁を加え、とろみがつくまで煮詰める。

からあげ風丸め焼き

下味冷凍

冷蔵 3日 ・ 冷凍 1ヶ月

材料（2人分）

鶏むね肉 ………………………… 1枚（350g）
酒、しょうゆ ………………………… 各大さじ1
ごま油、みりん ………………………… 各大さじ½
しょうがチューブ、にんにくチューブ
　………………………………………… 各小さじ½

作り方

1　鶏肉は粗みじん切りにする。

2　ジッパー付き保存袋にすべての材料を入れて揉み、空気を抜いて冷凍する。

3　解凍して袋の端を切り、サラダ油適量（分量外）をひいたフライパンに食べやすい大きさに絞り出す。

4　中火で3分ほど焼いて裏返し、水大さじ2（分量外）を加えてふたをして2分ほど蒸し焼きにする。

鶏むね肉と玉ねぎの丸め焼き

下味冷凍

冷蔵 3日 ・ 冷凍 1ヶ月

材料（2人分）

鶏むね肉 ………………………… 1枚（350g）
玉ねぎ ………………………………………… 1個
片栗粉、酒、しょうゆ ………………… 各大さじ1
ごま油 ………………………………… 大さじ½
顆粒鶏ガラスープの素 ………………… 小さじ½

作り方

1　鶏肉と玉ねぎは粗みじん切りにする。

2　ジッパー付き保存袋にすべての材料を入れて揉み、空気を抜いて冷凍する。

3　解凍して袋の端を切り、サラダ油適量（分量外）をひいたフライパンに食べやすい大きさに絞り出す。

4　中火で3分ほど焼いて裏返し、水大さじ2（分量外）を加えてふたをして2分ほど蒸し焼きにする。

チキンナゲット

下味冷凍

| 冷蔵 | 3日 | ・ | 冷凍 | 1ヶ月 |

材料（2人分）

鶏むね肉 ……………… 1枚 (350g)
卵 …………………………………… 1個
小麦粉 ………………………… 大さじ3
顆粒コンソメスープの素
　　　…………………………… 小さじ1
塩 ……………………………… 小さじ½
ナツメグ（あれば）……… 5ふり

作り方

1 鶏肉は粗みじん切りにする。

2 ジッパー付き保存袋にすべての材料を入れて揉み、空気を抜いて冷凍する。

3 フライパンに1cm深さの揚げ油（分量外）を入れて中火にかける。解凍した 2 をスプーンで食べやすい大きさにすくってフライパンに落とす。

4 両面がカリッとするまで揚げ焼きする。

のり塩ナゲット

下味冷凍

| 冷蔵 | 3日 | ・ | 冷凍 | 1ヶ月 |

材料（2人分）

鶏むね肉 ……………… 1枚 (350g)
卵 …………………………………… 1個
小麦粉 ………………………… 大さじ3
青のり ………………………… 大さじ2
顆粒鶏ガラスープの素
　　　…………………………… 小さじ1
塩、にんにくチューブ
　　　……………………… 各小さじ½

作り方

1 鶏肉は粗みじん切りにする。

2 ジッパー付き保存袋にすべての材料を入れて揉み、空気を抜いて冷凍する。

3 フライパンに1cm深さの揚げ油（分量外）を入れて中火にかける。解凍した 2 をスプーンで食べやすい大きさにすくってフライパンに落とす。

4 両面がカリッとするまで揚げ焼きする。

ささみの
ごま甘辛焼き

下味冷凍

冷蔵　3日　・　冷凍　1ヶ月

材料（2人分）

Ⓐ｜鶏ささみ……………3本
　｜砂糖、酒、しょうゆ、
　｜　みりん……各大さじ½
　｜ごま油…………小さじ1
片栗粉………………………適量
白いりごま…………大さじ1

作り方

1　ささみは筋を取って食べやすい大きさに切る。

2　ジッパー付き保存袋にⒶを入れて揉み、空気を抜いて冷凍する。

3　解凍した2に片栗粉をつけ、フライパンに入れて中火で両面に焼き色がつくまで焼く。袋に残った汁とごまを加えてとろみがつくまで煮詰める。

ささみ
カレースティック

下味冷凍

冷蔵　3日　・　冷凍　1ヶ月

材料（2人分）

鶏ささみ………………… 4本
Ⓐ｜酒、マヨネーズ
　｜………………… 各大さじ1
　｜カレー粉、
　｜　顆粒コンソメスープの素、
　｜　しょうゆ……各小さじ1
　｜にんにくチューブ…… 少々
片栗粉………………… 大さじ2

作り方

1　ささみは筋を取り、縦横に半分に切る。

2　ジッパー付き保存袋に1とⒶを入れて揉み、空気を抜いて冷凍する。

3　解凍した2の全体に片栗粉をまぶす。

4　フライパンに多めのサラダ油（分量外）をひいて中火にかける。3を加えて揚げ焼きにする。

牛丼 ....

下味冷凍

`冷蔵` `3日` ・ `冷凍` `1ヶ月`

材料 (2人分)

牛こま切れ肉	200g
玉ねぎ	½個
水	大さじ4
砂糖、酒、しょうゆ	各大さじ1と½
しょうがチューブ	大さじ½
顆粒和風だしの素	小さじ1

作り方

① 玉ねぎはくし切りにする。

② ジッパー付き保存袋にすべての材料を入れて揉む。空気を抜いて平らにして冷凍する。

③ 解凍してフライパンに入れ、中火で炒め煮する。

牛肉のオイスターソース炒め ....

下味冷凍

`冷蔵` `3日` ・ `冷凍` `1ヶ月`

材料 (2人分)

牛こま切れ肉	200g
オイスターソース、酒	各大さじ1
砂糖、しょうゆ、ごま油	各小さじ1
顆粒鶏ガラスープの素、にんにくチューブ	各小さじ½

作り方

① ジッパー付き保存袋にすべての材料を入れて揉む。空気を抜いて平らにして冷凍する。

② 解凍してフライパンに広げ、中火で炒める。

牛肉とごぼうのしぐれ煮

下味冷凍

冷蔵 3日 ・ 冷凍 1ヶ月

材料（2人分）

牛こま切れ肉 ································· 200g
ごぼう ···································· 100g
酒 ······································ 大さじ2
しょうゆ ·································· 大さじ1強
砂糖、しょうがチューブ、みりん… 各大さじ1
ごま油 ·································· 小さじ1

作り方

1 ごぼうは斜め薄切りにする。

2 ジッパー付き保存袋にすべての材料を入れて揉む。空気を抜いて平らにして冷凍する。

3 解凍してフライパンに入れ、中火で汁気がなくなるまで炒め煮する。

プルコギ

冷蔵 3日 ・ 冷凍 1ヶ月

下味冷凍

材料（2人分）

牛こま切れ肉 ···························· 200g
ピーマン ································· 1個
玉ねぎ ··································· ½個
にんじん ····························· ⅓本（50g）
コチュジャン、酒、しょうゆ、みりん
································· 各大さじ1
ごま油 ·································· 大さじ½
しょうがチューブ、にんにくチューブ
··································· 各小さじ½

作り方

1 ピーマンは細切り、玉ねぎはくし切り、にんじんは薄めの短冊切りにする。

2 ジッパー付き保存袋にすべての材料を入れて揉む。空気を抜いて平らにして冷凍する。

3 解凍してフライパンに入れ、中火で炒める。

甘辛鶏そぼろ

冷蔵 3日 ・ 冷凍 1ヶ月 ⋯⋯⋯⋯⋯⋯ 下味冷凍

材料（2人分）

鶏ひき肉 ⋯⋯⋯⋯⋯⋯⋯⋯⋯⋯⋯⋯⋯⋯ 200g
砂糖、酒、しょうゆ、みりん ⋯⋯⋯ 各大さじ1

作り方

1 ジッパー付き保存袋にすべての材料を入れて揉む。空気を抜いて平らにして冷凍する。

2 解凍してフライパンに入れ、中火で汁気がなくなるまで炒める。

しょうがそぼろ

冷蔵 3日 ・ 冷凍 1ヶ月 ⋯⋯⋯⋯⋯⋯ 下味冷凍

材料（2人分）

豚ひき肉 ⋯⋯⋯⋯⋯⋯⋯⋯⋯⋯⋯⋯⋯⋯ 200g
しょうがチューブ、酒、しょうゆ、みりん
⋯⋯⋯⋯⋯⋯⋯⋯⋯⋯⋯⋯⋯⋯⋯ 各大さじ1

作り方

1 ジッパー付き保存袋にすべての材料を入れて揉む。空気を抜いて平らにして冷凍する。

2 解凍してフライパンに入れ、中火で汁気がなくなるまで炒める。

カレーそぼろ

冷蔵 3日 ・ 冷凍 1ヶ月 ……………… 下味冷凍

材料（2人分）

合いびき肉 ……………………………………… 200g
カレー粉、酒 ……………………………… 各大さじ1
ウスターソース、トマトケチャップ
　………………………………………… 各大さじ½
砂糖、しょうがチューブ、にんにくチューブ、
　しょうゆ ………………………………… 各小さじ½

作り方

1　ジッパー付き保存袋にすべての材料を入れて揉む。空気を抜いて平らにして冷凍する。

2　解凍してフライパンに入れ、中火で汁気がなくなるまで炒める。

つくね

冷蔵 3日 ・ 冷凍 1ヶ月 ……………… 下味冷凍

材料（2人分）

Ⓐ｜鶏ひき肉 ……………………………… 200g
　｜玉ねぎ ……………………………………… ¼個
　｜卵 ……………………………………………… 1個
　｜片栗粉、酒 ……………………………… 各大さじ1
　｜しょうがチューブ、しょうゆ … 各小さじ1
　｜塩こしょう ……………………………………… 少々
Ⓑ｜みりん ……………………………………… 大さじ2
　｜酒、しょうゆ …………………………… 各大さじ1
　｜砂糖 ………………………………………… 大さじ½

作り方

1　ジッパー付き保存袋にⒶを入れて揉む。空気を抜いて平らにして冷凍する。

2　解凍して袋の端を切り、サラダ油適量（分量外）をひいたフライパンに絞り出す。中火で両面に焼き色がつくまで焼く。

3　Ⓑを加え、とろみがつくまで煮絡める。

鮭のみそ漬け

下味冷凍

`冷蔵` `3日` ・ `冷凍` `1ヶ月`

材料（2人分）

生鮭 ……………………………………… 2切れ
みそ ……………………………………… 大さじ2
酒、みりん ……………………………… 各大さじ1
砂糖、しょうゆ ………………………… 各小さじ½

作り方

1 ジッパー付き保存袋にすべての材料を入れてよく絡め、空気を抜いて冷凍する。

2 解凍してキッチンペーパーでみそをふき取る。フライパンにフライパン用ホイルを敷いて鮭をのせ、中火で3〜4分焼く。

3 裏返して水小さじ1（分量外）を加え、ふたをして弱火で3〜4分蒸し焼きにする。

鮭の白だし漬け

下味冷凍

`冷蔵` `3日` ・ `冷凍` `1ヶ月`

材料（2人分）

生鮭 ……………………………………… 2切れ
白だし …………………………………… 大さじ2
みりん …………………………………… 大さじ1

作り方

1 ジッパー付き保存袋にすべての材料を入れてよく絡め、空気を抜いて冷凍する。

2 解凍してフライパンにフライパン用ホイルを敷いて鮭をのせ、中火で3〜4分焼く。

3 裏返して水小さじ1（分量外）を加え、ふたをして弱火で3〜4分蒸し焼きにする。

さばの竜田揚げ

下味冷凍

冷蔵 3日 ・ 冷凍 1ヶ月

材料（2人分）

Ⓐ 生さば ……………………………… 半身
酒、しょうゆ …………………… 各大さじ½
しょうがチューブ、にんにくチューブ
……………………………… 各小さじ½
片栗粉 ……………………………… 大さじ2

作り方

1 さばは5〜6等分に切る。

2 ジッパー付き保存袋にⒶを入れてよく絡め、空気を抜いて冷凍する。

3 解凍して片栗粉をまぶす。フライパンに多めのサラダ油（分量外）をひいてさばを並べ、中火で両面がカリッとするまで揚げ焼きにする。

さばのしょうが照り焼き

下味冷凍

冷蔵 3日 ・ 冷凍 1ヶ月

材料（2人分）

Ⓐ 生さば ……………………………… 半身
砂糖、酒、しょうゆ、みりん … 各大さじ1
しょうがチューブ …………………… 小さじ1
片栗粉 ……………………………… 適量

作り方

1 さばは半分に切る。

2 ジッパー付き保存袋にⒶを入れてよく絡め、空気を抜いて冷凍する。

3 解凍してキッチンペーパーで余分な汁気をふき取り、片栗粉をまぶす。袋に残った汁はとっておく。

4 フライパンに並べ、中火で両面に焼き目がつくまで焼く。汁を加えてとろみがつくまで煮詰める。

ぶりのガリバタしょうゆ

下味冷凍

冷蔵 3日 ・ 冷凍 1ヶ月

材料（2人分）

A ぶり ………………………………………… 2切れ
しょうゆ、酒、みりん …………… 各大さじ1
砂糖、にんにくチューブ ……… 各小さじ1

バター ……………………………………………… 5g

作り方

1 ジッパー付き保存袋に **A** を入れてよく絡め、空気を抜いて冷凍する。

2 解凍してぶりの汁気をふき取る。残った汁はとっておく。

3 フライパンにバターを入れて中火にかけ、ぶりを入れて両面に焼き目がつくまで焼く。汁を加えてとろみがつくまで煮詰める。

ぶりの照り焼き

下味冷凍

冷蔵 3日 ・ 冷凍 1ヶ月

材料（2人分）

ぶり ………………………………………………… 2切れ
酒、しょうゆ、みりん …………… 各大さじ1と½
砂糖 ………………………………………………… 大さじ½

作り方

1 ジッパー付き保存袋にすべての材料を入れてよく絡め、空気を抜いて冷凍する。

2 解凍してぶりの汁気をふき取る。残った汁はとっておく。

3 フライパンにサラダ油適量（分量外）をひき、ぶりを入れて両面に焼き目がつくまで焼く。汁を加えてとろみがつくまで煮詰める。

めかじきバターしょうゆ

`冷蔵` `3日` ・ `冷凍` `1ヶ月`

材料（2人分）

Ⓐ｜めかじき ··················· 2切れ
　｜酒、しょうゆ、みりん ········· 各大さじ1
　｜砂糖 ······················ 小さじ1
バター ························· 5g

作り方

1 ジッパー付き保存袋にⒶを入れてよく絡め、空気を抜いて冷凍する。

2 解凍してめかじきの汁気をふき取る。残った汁はとっておく。

3 フライパンにバターを入れて中火にかけ、めかじきを入れて両面に焼き目がつくまで焼く。汁を加えてとろみがつくまで煮詰める。

めかじき甘辛ごま絡め

`冷蔵` `3日` ・ `冷凍` `1ヶ月`

材料（2人分）

めかじき ······················· 2切れ
みりん ························· 大さじ2
白いりごま、砂糖、酒、しょうゆ··· 各大さじ1

作り方

1 ジッパー付き保存袋にすべての材料を入れてよく絡め、空気を抜いて冷凍する。

2 解凍して汁ごとフライパンに入れる。中火で火が通るまで焼く。

アジの
カレー竜田揚げ

下味冷凍

冷蔵 3日 ・ 冷凍 1ヶ月

材料（2人分）

Ⓐ アジ ……………………… 2尾
　 酒 ………………………… 大さじ1
　 カレー粉、しょうゆ
　 ………………………… 各大さじ½
　 しょうがチューブ
　 ………………………… 小さじ½
片栗粉 ……………………… 適量

作り方

1　アジは縦横に半分に切る。

2　ジッパー付き保存袋にⒶを入れてよく絡め、空気を抜いて冷凍する。

3　解凍して片栗粉をまぶす。フライパンに多めのサラダ油（分量外）をひき、アジを並べて中火で揚げ焼きにする。

アジの梅しそフライ

下味冷凍

冷蔵 3日 ・ 冷凍 1ヶ月

材料（2人分）

アジ（開き）……………………… 2尾
梅干し ……………………… 1〜2個
大葉 ………………………… 2枚
Ⓐ 小麦粉、水
　 ………………………… 各大さじ2
パン粉 ……………………… 適量

作り方

1　アジは縦横に半分に切る。大葉はアジの大きさに合わせて切る。梅干しは種を取り除いてたたく。アジにたたいた梅を塗り、大葉をのせる。

2　Ⓐを合わせる。アジにⒶ、パン粉の順で衣をつける。1つずつラップに包んでジッパー付き保存袋に入れ、空気を抜いて冷凍する。

3　フライパンに多めのサラダ油（分量外）をひいて中火にかけ、凍ったままの2を入れる。両面がこんがりするまで揚げ焼きにする。

いわしの パン粉焼き

下味冷凍

| 冷蔵 | 3日 | ・ | 冷凍 | 1ヶ月 |

材料（2人分）

いわし（開き）……………… 2尾
塩こしょう ………………… 少々
Ⓐ にんにくチューブ、
　　マヨネーズ ……… 各少々
Ⓑ パン粉 ………………… 20g
　　粉チーズ ……… 大さじ1
　　オリーブオイル
　　……………… 大さじ½
　　ドライバジル … 小さじ1

作り方

1 いわしは縦半分に切って塩こしょうをふり、Ⓐを塗る。

2 合わせたⒷをのせ、1つずつラップに包んでジッパー付き保存袋に入れ、空気を抜いて冷凍する。

3 天板にアルミホイルを敷き、凍ったままの2を身が上になるように並べる。オーブントースターで8〜10分焼く。

いわしの チーズフライ

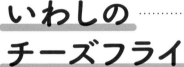
下味冷凍

| 冷蔵 | 3日 | ・ | 冷凍 | 1ヶ月 |

材料（2人分）

いわし（開き）……………… 2尾
スライスチーズ …………… 1枚
Ⓐ 小麦粉、水 … 各大さじ2
　　マヨネーズ …… 小さじ1
Ⓑ パン粉 ………………… 20g
　　粉チーズ ……… 大さじ1

Point
楊枝は必ず食べる前に外す。

作り方

1 チーズは半分に切る。いわしにチーズをのせて端からくるくる巻き、巻き終わりを爪楊枝でとめる。

2 Ⓐ、Ⓑをそれぞれ合わせる。Ⓐ、Ⓑの順で1に衣をつけ、1つずつラップで包んでジッパー付き保存袋に入れ、空気を抜いて冷凍する。

3 フライパンに1cm深さの揚げ油（分量外）を入れ、凍ったままの2を入れて中火で揚げる。色がついたら裏返してさらに2分ほど揚げる。

たらのマヨフライ……… 下味冷凍

冷蔵 3日 ・ 冷凍 1ヶ月

材料（2人分）

生たら ……………………… 2切れ
塩こしょう …………………… 少々
マヨネーズ ………… 大さじ1
パン粉 ……………………… 適量

作り方

1 たらは半分に切って塩こしょうをふる。

2 たらにマヨネーズ、パン粉の順で衣をつける。1つずつラップに包み、ジッパー付き保存袋に入れて空気を抜いて冷凍する。

3 フライパンに多めのサラダ油（分量外）を入れ、凍ったままの**2**を入れて中火で両面がこんがりするまで揚げ焼きにする。

めかじきの カレーフライ 下味冷凍

冷蔵 3日 ・ 冷凍 1ヶ月

材料（2人分）

めかじき ……………… 2切れ
塩こしょう ………………… 少々
Ⓐ 水 …………… 大さじ2強
　小麦粉 ………… 大さじ2
　カレー粉 ……… 小さじ½
パン粉 ……………………… 適量

作り方

1 めかじきは食べやすい大きさに切って塩こしょうをふる。

2 **Ⓐ**を合わせる。めかじきに**Ⓐ**、パン粉の順で衣をつける。1つずつラップに包み、ジッパー付き保存袋に入れて空気を抜いて冷凍する。

3 フライパンに1cm深さの揚げ油（分量外）を入れ、凍ったままの**2**を入れて中火で揚げる。色がついたら裏返してさらに2分ほど揚げる。

えびフライ ·······································

 下味冷凍

冷蔵 3日 ・ 冷凍 1ヶ月

材料（2人分）

えび ······································ 4尾
Ⓐ｜小麦粉、水 ⋯ 各大さじ2
パン粉 ·································· 適量

> **Point**
> 楊枝は必ず食べる前に外す。

作り方

1 えびは背わたを取り除いて殻をむく。尾のとがっている部分は切り落とす。腹側を開いてくるくる丸め、1つずつ爪楊枝で固定する。

2 Ⓐを合わせる。えびにⓐ、パン粉の順で衣をつける。1つずつラップに包み、ジッパー付き保存袋に入れて空気を抜いて冷凍する。

3 フライパンに1cm深さの揚げ油（分量外）を入れ、凍ったままの**2**を入れて中火で全体がこんがりするまで揚げる。

えびカツ ·······································

下味冷凍

冷蔵 3日 ・ 冷凍 1ヶ月

材料（2人分）

Ⓐ｜えび ······························ 150g
　｜はんぺん ······················ 1枚
　｜片栗粉、酒 ⋯ 各大さじ1
　｜塩こしょう ·············· 少々
Ⓑ｜小麦粉、水 ⋯ 各大さじ3
パン粉 ·································· 適量

作り方

1 えびは背わたを取り除いて殻をむき、粗く刻む。

2 ジッパー付き保存袋にⒶを入れてよく揉み、4～6等分にして円形に成形する。

3 Ⓑを合わせる。**2**にⒷ、パン粉の順で衣をつけ、1つずつラップに包んでジッパー付き保存袋に入れて空気を抜いて冷凍する。

4 フライパンに1cm深さの揚げ油（分量外）を入れ、凍ったままの**2**を入れて中火で全体がこんがりするまで揚げ焼きにする。

簡単&大満足な丼もの弁当 三色丼

この本で紹介しているレシピを使った簡単丼もの弁当の例をご紹介。
おかずを用意してごはんにのせるだけなので、
忙しい朝でも簡単に詰めることができます。

スクランブルエッグ

オクラのおかか和え

甘辛鶏そぼろ

甘辛鶏そぼろ

→P40掲載

オクラのおかか和え

→P62掲載

スクランブルエッグ

材料（1人分）

卵	1個
牛乳	大さじ1
マヨネーズ	大さじ½
塩	少々

作り方

1 耐熱容器にすべての材料を入れてよく混ぜる。

2 ラップをせずに電子レンジで40秒加熱する。

3 一度取り出し全体を混ぜ、再び電子レンジで20秒加熱する。好みの大きさにほぐす。

Part

3

野菜の
色別おかず

緑、赤・黄、紫、白・茶の色別おかずをご紹介。
ここから1つ～ 2つ選んで作ればお弁当の彩りも簡単にカラフルに！
すべて電子レンジやトースターで作れるレシピなので、
片付けも楽ちんです。

\ これだけ覚えればOK! /

基本の6つの味付け

味付け	この野菜に オススメ!

ごま和え

材料

白すりごま ················· 大さじ2
砂糖 ························· 大さじ½
しょうゆ ··················· 大さじ½
顆粒和風だしの素 ······ 小さじ¼

白すりごま　　砂糖

しょうゆ　　顆粒和風だしの素

- ほうれん草
- スナップエンドウ
- オクラ
- ブロッコリー
- キャベツ

ごまマヨ和え

材料

マヨネーズ ················· 大さじ3
白すりごま ··········· 大さじ1と½
ごま油 ···················· 小さじ1
顆粒鶏ガラスープの素
　　················· 小さじ½

マヨネーズ　　白すりごま

ごま油　　顆粒鶏ガラスープの素

- ブロッコリー
- いんげん
- オクラ
- スナップエンドウ

塩昆布和え

材料

塩昆布 ······················ 大さじ2
ごま油 ······················ 大さじ½
白いりごま ···················· 少々

塩昆布　　ごま油

白いりごま

- ピーマン
- いんげん
- スナップエンドウ
- 豆苗

お弁当の彩りにかかせない緑の野菜は、基本の6つの味付けを覚えれば大丈夫。
野菜をレンチンして好きな味付けで和えればあっという間に完成です!

味付け	この野菜に オススメ!

おかか和え

材料

しょうゆ ……………… 大さじ½
砂糖 …………………… 小さじ½強
顆粒和風だしの素 …… 小さじ½
かつおぶし ………………… 3g
白いりごま ………………… 少々

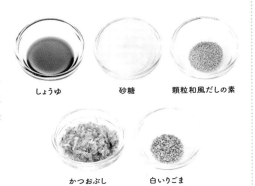

しょうゆ　　　　砂糖　　　　顆粒和風だしの素

かつおぶし　　白いりごま

● ピーマン
● オクラ
● 小松菜

ペペロン風

材料

オリーブオイル ……… 大さじ½
にんにくチューブ …… 小さじ½
顆粒コンソメスープの素
　　………………… 小さじ½
一味唐辛子 ……………… 少々
こしょう ………………… 少々

オリーブオイル　にんにくチューブ　顆粒コンソメ
　　　　　　　　　　　　　　　　スープの素

一味唐辛子　　　こしょう

● いんげん
● ブロッコリー
● 豆苗

ナムル

材料

ごま油 ………………… 大さじ½
顆粒鶏ガラスープの素
　　………………… 小さじ1
にんにくチューブ ………… 少々
塩 ……………………… 少々
白いりごま ……………… 少々

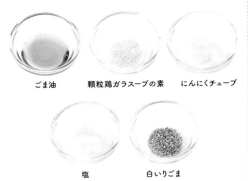

ごま油　　顆粒鶏ガラスープの素　にんにくチューブ

塩　　　　白いりごま

● ピーマン
● スナップエンドウ
● オクラ
● ほうれん草
● 豆苗

ピーマン 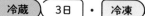 基本の味付けレシピ

ピーマンのおかか和え…… 電子レンジ

冷蔵 3日 ・ 冷凍 2週間

材料（2人分）

ピーマン ……………………… 4個
Ⓐ しょうゆ ……… 大さじ½
　 砂糖 ………… 小さじ½強
　 顆粒和風だしの素
　 ……………… 小さじ½
　 かつおぶし …………… 3g
　 白いりごま …………… 少々

作り方

1 ピーマンは縦半分に切ったあと横に細切りにする。

2 耐熱容器に入れて少しすきまを開けてラップをし、電子レンジで1分30秒加熱する。

3 Ⓐを加えて和える。

ピーマンナムル ………………… 電子レンジ

冷蔵 3日 ・ 冷凍 2週間

材料（2人分）

ピーマン ……………………… 3個
Ⓐ 顆粒鶏ガラスープの素
　 ……………… 小さじ1
　 にんにくチューブ… 少々
Ⓑ ごま油 ………… 大さじ½
　 白いりごま、塩…各少々

作り方

1 ピーマンは縦半分に切ったあと横に細切りにする。

2 耐熱容器にピーマンとⒶを入れて軽く混ぜる。少しすきまを開けてラップをし、電子レンジで1分30秒加熱する。

3 Ⓑを加えて和える。

ピーマンの塩昆布和え…… 電子レンジ

冷蔵 3日 ・ 冷凍 2週間

材料（2人分）

ピーマン ……………………… 5個
Ⓐ 塩昆布 ………… 大さじ2
　 ごま油 ………… 大さじ½
　 白いりごま ………… 少々

作り方

1 ピーマンは縦半分に切ったあと横に細切りにする。

2 耐熱容器に入れて少しすきまを開けてラップをし、電子レンジで2分加熱する。

3 Ⓐを加えて和える。

余裕があるときのちょい足しレシピ

ピーマン春雨

電子レンジ

冷蔵 3日 ・ 冷凍 2週間

材料（2人分）

ピーマン ……………………… 3個
春雨 ………………………… 50g
豚ひき肉 …………………… 100g
Ⓐ 水 ……………………… 100cc
　しょうゆ、みりん
　　……………… 各大さじ2
　ごま油 ………… 大さじ½
　顆粒鶏ガラスープの素
　　………………… 小さじ½
　しょうがチューブ、
　にんにくチューブ
　　……………… 各小さじ¼

作り方

1 ピーマンは縦半分に切ったあと縦に細切りにする。

2 耐熱容器にⒶ、水で濡らした春雨、ひき肉、ピーマンの順に入れる。少しすきまを開けてラップをし、電子レンジで6分加熱する。

3 ひき肉をくずしながら全体をよく混ぜる。

ピーマンとにんじんのきんぴら

電子レンジ

冷蔵 3日 ・ 冷凍 2週間

材料（2人分）

Ⓐ ピーマン ……………… 3個
　にんじん …… ⅓本（70g）
　砂糖、しょうゆ、みりん
　　……………… 各大さじ½
　顆粒和風だしの素
　　………………… 小さじ¼
Ⓑ 白すりごま …… 大さじ1
　ごま油 ………… 小さじ1

作り方

1 ピーマンは縦半分に切ったあと縦に細切りにする。にんじんは細切りにする。

2 耐熱容器にⒶを入れて軽く混ぜる。少しすきまを開けてラップをし、電子レンジで2分30秒加熱する。

3 Ⓑを加えて混ぜる。

緑

ブロッコリー 〉 基本の味付けレシピ

ブロッコリーのごま和え

電子レンジ

冷蔵 3日 ・ 冷凍 2週間

材料（2人分）

ブロッコリー ……………… 100g
Ⓐ 白すりごま …… 大さじ2
　 砂糖、しょうゆ
　　 …………… 各大さじ½
　 顆粒和風だしの素
　　 ………………… 小さじ¼

作り方

1　ブロッコリーは小房に分ける。

2　耐熱容器に入れて少しすきまを開けてラップをし、電子レンジで2分30秒加熱する。

3　水気をしっかり切り、Ⓐを加えて和える。

ブロッコリーのおかかマヨ和え

電子レンジ

冷蔵 3日

材料（2人分）

ブロッコリー ……………… 100g
Ⓐ マヨネーズ …… 大さじ1
　 しょうゆ ……… 小さじ1
　 かつおぶし …………… 3g

作り方

1　ブロッコリーは小房に分ける。

2　耐熱容器に入れて少しすきまを開けてラップをし、電子レンジで2分30秒加熱する。

3　水気をしっかり切り、Ⓐを加えて和える。

ブロッコリーのペペロン風

電子レンジ

冷蔵 3日 ・ 冷凍 2週間

材料（2人分）

ブロッコリー ……………… 150g
Ⓐ オリーブオイル
　　 …………… 大さじ½
　 顆粒コンソメスープの素、
　 にんにくチューブ
　　 ………… 各小さじ½
　 一味唐辛子、こしょう
　　 ………………… 各少々

作り方

1　ブロッコリーは小房に分ける。

2　耐熱容器に入れて少しすきまを開けてラップをし、電子レンジで2分30秒加熱する。

3　水気をしっかり切り、Ⓐを加えて和える。

> ## 余裕があるときのちょい足しレシピ

ブロッコリーとウィンナーの コンソメチーズ ....
トースター

冷蔵 3日 ・ 冷凍 2週間

材料（2人分）

Ⓐ | ブロッコリー ………… 100g
   | ウィンナー ……………… 4本
オリーブオイル
          ………… 大さじ½
Ⓑ | 粉チーズ ………… 小さじ2
   | 顆粒コンソメスープの素
          ………… 小さじ1

作り方

1 ブロッコリーは小房に分ける。ウィンナーは食べやすい大きさに切る。

2 天板にアルミホイルを敷き、Ⓐをのせる。オリーブオイルを全体にかけ、トースターで5分焼く。裏返してさらに5分焼く。

3 Ⓑを全体にかけてよく混ぜる。

ブロッコリーの じゃこ和え ....
電子レンジ

冷蔵 3日 ・ 冷凍 2週間

材料（2人分）

ブロッコリー ……………… 150g
Ⓐ | ちりめんじゃこ
         ………… 大さじ2
   | しょうゆ ………… 小さじ1
   | ごま油 ………… 小さじ½
   | かつおぶし ……………… 1g

作り方

1 ブロッコリーは小房に分ける。

2 耐熱容器に入れて少しすきまを開けてラップをし、電子レンジで2分30秒加熱する。

3 水気をしっかり切り、Ⓐを加えて和える。

緑

いんげん 〉 基本の味付けレシピ

いんげんの おかかマヨ和え

電子レンジ

`冷蔵` `3日`

材料（2人分）

いんげん ………………………… 100g

Ⓐ マヨネーズ …… 大さじ1
　しょうゆ ……… 小さじ1
　かつおぶし ……………… 3g

作り方

1 いんげんは洗って水気がついたままラップに包み、電子レンジで1分30秒加熱する。

2 水で冷やしてキッチンペーパーで水気をふき取り、食べやすい長さに切る。Ⓐをかけて和える。

いんげんのペペロン風

電子レンジ

`冷蔵` `3日` ・ `冷凍` `2週間`

材料（2人分）

いんげん …………………………… 150g

Ⓐ オリーブオイル … 大さじ½
　顆粒コンソメスープの素、
　　にんにくチューブ
　　………………… 各小さじ½
　一味唐辛子、
　　こしょう ………… 各少々

作り方

1 いんげんは洗って水気がついたままラップに包み、電子レンジで1分40秒加熱する。

2 水で冷やしてキッチンペーパーで水気をふき取り、食べやすい長さに切る。Ⓐをかけて和える。

いんげんの塩昆布和え

電子レンジ

`冷蔵` `3日` ・ `冷凍` `2週間`

材料（2人分）

いんげん …………………………… 100g

Ⓐ 塩昆布 ………… 大さじ2
　ごま油 ………… 大さじ½
　白いりごま ………… 適量

作り方

1 いんげんは洗って水気がついたままラップに包み、電子レンジで1分30秒加熱する。

2 水で冷やしてキッチンペーパーで水気をふき取り、食べやすい長さに切る。Ⓐをかけて和える。

> ## 余裕があるときのちょい足しレシピ

いんげんとベーコンの ………
バターしょうゆ焼き

冷蔵 3日 ・ 冷凍 2週間

材料（2人分）

Ⓐ いんげん ……………… 100g
　ハーフベーコン ……… 3枚
　バター ………………… 10g
Ⓑ しょうゆ ……… 小さじ1
　塩こしょう …………… 少々

作り方

1　いんげんは食べやすい長さに切る。ベーコンはいんげんと同じ太さに切る。

2　天板にアルミホイルを敷き、Ⓐをのせてトースターで5〜7分焼く。

3　Ⓑを加えて全体を混ぜる。

いんげんとにんじんの ………
ピーナッツ和え

冷蔵 3日 ・ 冷凍 2週間

材料（2人分）

いんげん ………………… 70g
にんじん ………………… 70g
Ⓐ 粉末ピーナッツ
　………………… 大さじ2
　しょうゆ ……… 大さじ½
　砂糖 …………… 小さじ1

作り方

1　いんげんを食べやすい長さに切る。にんじんは5mm厚さの細切りにする。

2　いんげんとにんじんをラップに包み、電子レンジで1分40秒加熱する。

3　Ⓐを加えて和える。

スナップエンドウ 〉 基本の味付けレシピ

スナップエンドウのごま和え

冷蔵 3日 ・ 冷凍 2週間

電子レンジ

材料 (2人分)

スナップエンドウ ……… 12本
Ⓐ 白すりごま ……… 大さじ2
　砂糖、しょうゆ
　　……………… 各大さじ½
　顆粒和風だしの素
　　……………… 小さじ¼

作り方

1 スナップエンドウは筋を取って斜めに切る。

2 耐熱容器に入れて少しすきまを開けてラップをし、電子レンジで1分20秒加熱する。

3 Ⓐを加えて和える。

スナップエンドウの塩昆布和え

冷蔵 3日 ・ 冷凍 2週間

電子レンジ

材料 (2人分)

スナップエンドウ ……… 12本
Ⓐ 塩昆布 ……………… 大さじ2
　ごま油 …………… 大さじ½
　塩 ……………………… 少々
　白いりごま ………… 適量

作り方

1 スナップエンドウは筋を取って斜めに切る。

2 耐熱容器に入れて少しすきまを開けてラップをし、電子レンジで1分20秒加熱する。

3 Ⓐを加えて和える。

スナップエンドウのナムル

電子レンジ

冷蔵 3日 ・ 冷凍 2週間

材料 (2人分)

スナップエンドウ ……… 15本
Ⓐ ごま油 …………… 大さじ½
　顆粒鶏ガラスープの素
　　………………… 小さじ1
　にんにくチューブ … 少々
　白いりごま ……… 少々

作り方

1 スナップエンドウは筋を取って斜めに切る。

2 耐熱容器に入れて少しすきまを開けてラップをし、電子レンジで1分30秒加熱する。

3 Ⓐを加えて和える。

余裕があるときのちょい足しレシピ

スナップエンドウと ウィンナーのこしょう焼き

トースター

冷蔵 3日 ・ 冷凍 2週間

材料（2人分）

スナップエンドウ ………… 5本
ウィンナー ………………… 2本
Ⓐ オリーブオイル
　　…………… 小さじ1
　塩こしょう ………… 少々

作り方

1 スナップエンドウは筋を取って斜めに切る。ウィンナーは3等分にする。

2 天板にアルミホイルを敷いて❶をのせる。Ⓐをかけて和え、トースターで7〜8分焼く。

スナップエンドウの 卵サラダ

電子レンジ

冷蔵 3日

材料（2人分）

スナップエンドウ ………… 6本
Ⓐ 卵 ………………… 1個
　塩 ………………… 少々
Ⓑ マヨネーズ ……… 大さじ1
　顆粒鶏ガラスープの素、
　　ごま油 ………… 各少々

作り方

1 スナップエンドウは筋を取って斜めに切る。ラップに包んで電子レンジで1分加熱する。

2 耐熱容器にⒶを合わせる。少しすきまを開けてラップをし、電子レンジで1分〜1分10秒加熱する。

3 ❷をほぐし、❶とⒷを加えて和える。

緑

オクラ 〉 基本の味付けレシピ

オクラのごま和え

電子レンジ

| 冷蔵 | 3日 | ・ | 冷凍 | 2週間 |

材料（2人分）

オクラ ································ 7本
塩 ·············· 小さじ½(板ずり用)
Ⓐ 白すりごま ······ 大さじ2
　 砂糖、しょうゆ
　 ······················· 各大さじ½
　 顆粒和風だしの素
　 ······························· 小さじ¼

作り方

1 オクラは塩で板ずりし、水で洗い流す。ガクを切り落として半分に切る。

2 耐熱容器に入れて少しすきまを開けてラップをし、電子レンジで1分10秒加熱する。

3 Ⓐを加えて和える。

オクラのおかか和え

電子レンジ

| 冷蔵 | 3日 | ・ | 冷凍 | 2週間 |

材料（2人分）

オクラ ································ 7本
塩 ·············· 小さじ½(板ずり用)
Ⓐ しょうゆ ········· 大さじ½
　 砂糖 ············· 小さじ½強
　 顆粒和風だしの素
　 ····························· 小さじ½
　 かつおぶし ················ 3g

作り方

1 オクラは塩で板ずりし、水で洗い流す。ガクを切り落として半分に切る。

2 耐熱容器に入れて少しすきまを開けてラップをし、電子レンジで1分10秒加熱する。

3 Ⓐを加えて和える。

オクラのナムル

電子レンジ

| 冷蔵 | 3日 | ・ | 冷凍 | 2週間 |

材料（2人分）

オクラ ······························ 12本
塩 ·············· 小さじ½(板ずり用)
Ⓐ にんにくチューブ ··· 少々
　 ごま油 ············· 大さじ½
　 顆粒鶏ガラスープの素
　 ···························· 小さじ1
　 塩 ····························· 少々

作り方

1 オクラは塩で板ずりし、水で洗い流す。ガクを切り落として半分に切る。

2 耐熱容器に入れて少しすきまを開けてラップをし、電子レンジで2分加熱する。

3 Ⓐを加えて和える。

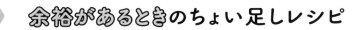

余裕があるときのちょい足しレシピ

オクラとベーコンの カレー風味

トースター

冷蔵 3日 ・ 冷凍 2週間

材料（2人分）

オクラ ……………………… 5本
ハーフベーコン …………… 2枚
塩 ………… 小さじ½（板ずり用）
オリーブオイル ……… 小さじ1
Ⓐ｜カレー粉、
　　顆粒コンソメスープの
　　素 …………… 各小さじ¼

作り方

1. オクラは塩で板ずりし、水で洗い流す。ガクを切り落として半分に切る。ベーコンはオクラと同じ太さに切る。

2. 天板にアルミホイルを敷いてオクラとベーコンをのせ、全体にオリーブオイルをかける。トースターで5〜7分焼く。

3. Ⓐを加えて和える。

オクラのチーズ焼き

トースター

冷蔵 3日

材料（2人分）

オクラ ……………………… 6本
塩 ………… 小さじ½（板ずり用）
溶けるスライスチーズ… 1枚
パン粉、マヨネーズ … 各少々

作り方

1. オクラは塩で板ずりし、水で洗い流す。ガクを切り落として半分に切る。

2. 天板にアルミホイルを敷いてオクラをすきまなく並べる。マヨネーズ、チーズ、パン粉の順にのせてトースターで5〜7分焼く。

ほうれん草・小松菜 ≫ 基本の味付けレシピ

ほうれん草のごま和え

電子レンジ

冷蔵 3日 ・ 冷凍 2週間

材料（2人分）

ほうれん草 ………………… 1袋
Ⓐ 白すりごま … 大さじ2
砂糖、しょうゆ
　　　　　　…… 各大さじ½
顆粒和風だしの素
　　　　　　……… 小さじ¼

作り方

1 ほうれん草は3〜4cm長さに切って茎、葉の順で耐熱容器に入れる。少しすきまを開けてラップをし、電子レンジで2分30秒加熱する。

2 水で冷やして水気をしっかり絞る。Ⓐで和える。

小松菜のおかか和え

電子レンジ

冷蔵 3日 ・ 冷凍 2週間

材料（2人分）

小松菜 ……………………… 1袋
Ⓐ しょうゆ ……… 大さじ½
砂糖 ………… 小さじ½強
顆粒和風だしの素
　　　　　　……… 小さじ½
かつおぶし …………… 3g
白いりごま ………… 少々

作り方

1 小松菜は3〜4cm長さに切って茎、葉の順で耐熱容器に入れる。少しすきまを開けてラップをし、電子レンジで2分30秒加熱する。

2 水で冷やして水気をしっかり絞る。Ⓐで和える。

ほうれん草のナムル

電子レンジ

冷蔵 3日 ・ 冷凍 2週間

材料（2人分）

ほうれん草 ………………… 1袋
Ⓐ ごま油 ………… 大さじ½
顆粒鶏ガラスープの素
　　　　　　……… 小さじ1
塩、白いりごま、
　にんにくチューブ
　　　　　　……… 各少々

作り方

1 ほうれん草は3〜4cm長さに切って茎、葉の順で耐熱容器に入れる。少しすきまを開けてラップをし、電子レンジで2分30秒加熱する。

2 水で冷やして水気をしっかり絞る。Ⓐで和える。

> ## 余裕があるときのちょい足しレシピ

ほうれん草とベーコンの
ガリバタしょうゆ ………

 電子レンジ　 トースター

冷蔵 3日 ・ 冷凍 2週間

材料（2人分）

ほうれん草 ……………… 1袋
ハーフベーコン ………… 4枚
Ⓐ｜バター …………………… 10g
　｜しょうゆ ……… 大さじ½
　｜にんにくチューブ
　｜ ……………………… 小さじ½
　｜塩こしょう ………… 少々

作り方

1 ほうれん草は3〜4cm長さに切って茎、葉の順で耐熱容器に入れる。少しすきまを開けてラップをし、電子レンジで2分30秒加熱する。

2 水で冷やして水気をしっかり絞る。

3 ベーコンは5mm幅に切る。

4 天板にアルミホイルを敷いてほうれん草とベーコンをのせ、合わせたⒶをかけてトースターで7〜8分焼く。

小松菜の
梅しらす和え ……………………

 電子レンジ

冷蔵 3日 ・ 冷凍 2週間

材料（2人分）

小松菜 …………………… 1袋
Ⓐ｜しらす …………… 大さじ3
　｜梅干し ………………… 1個
　｜かつおぶし …………… 2g
　｜めんつゆ（3倍濃縮）
　｜ ………………… 小さじ1

作り方

1 小松菜は3〜4cm長さに切って茎、葉の順で耐熱容器に入れる。少しすきまを開けてラップをし、電子レンジで2分30秒加熱する。

2 水で冷やして水気をしっかり絞る。Ⓐで和える。

緑

キャベツ・豆苗 〉 基本の味付けレシピ

キャベツのごま和え

電子レンジ

冷蔵 3日 ・ 冷凍 2週間

材料（2人分）

キャベツ	………………………………	¼個
Ⓐ 白すりごま	………………………………	大さじ2
砂糖、しょうゆ	………………………	各大さじ½
顆粒和風だしの素	…………………	小さじ¼

作り方

1 キャベツはざく切りにして耐熱容器に入れる。少しすきまを開けてラップをし、電子レンジで2分加熱する。

2 粗熱をとって水気をしっかり絞り、Ⓐで和える。

豆苗の塩昆布和え

電子レンジ

冷蔵 3日

材料（2人分）

豆苗	…………………………………	1袋
Ⓐ 塩昆布	………………………………	大さじ2
ごま油	……………………………	大さじ½
白いりごま	………………………	少々

作り方

1 豆苗は2cm長さに切る。

2 耐熱容器に入れて少しすきまを開けてラップをし、電子レンジで1分30秒加熱する。

3 水気をしっかり絞り、Ⓐで和える。

> **余裕があるときのちょい足しレシピ**

キャベツのお好み焼き風巾着

電子レンジ　トースター

冷蔵 3日 ・ 冷凍 2週間

材料（2人分）

キャベツ ……………………………………… 100g
油揚げ ………………………………………… 1枚
Ⓐ 紅しょうが ………………………………… 大さじ1
　　 顆粒和風だしの素 ……………………… 小さじ¼
　　 塩こしょう ……………………………… 少々

作り方

1 キャベツは細切りにして耐熱容器に入れ、少しすきまを開けてラップをし、電子レンジで1分30秒加熱する。

2 水気をしっかり絞り、**Ⓐ** を加えて混ぜる。

3 油揚げは半分に切って開く。**2**を詰めて爪楊枝でとめ、トースターで5〜7分焼く。

豆苗のツナ和え

電子レンジ

冷蔵 3日

材料（2人分）

豆苗 …………………………………………… 1袋
ツナ缶 ………………………………………… 1個
ごま油 ………………………………………… 大さじ½
顆粒鶏ガラスープの素 …………………… 小さじ1
にんにくチューブ …………………………… 少々

作り方

1 豆苗は食べやすい大きさに切る。

2 耐熱容器にすべての材料を入れ、少しすきまを開けてラップをし、電子レンジで1分30秒加熱する。

にんじん

調理のポイント

火が通りにくいにんじんは千切りにして電子レンジでの加熱時間を短縮！

にんじんのごま和え

電子レンジ

冷蔵 3日 ・ 冷凍 2週間

材料（2人分）

にんじん	150g
Ⓐ 白すりごま	大さじ2
砂糖、しょうゆ	各大さじ½
顆粒和風だしの素	小さじ¼

作り方

1. にんじんは千切りにする。
2. 耐熱容器に入れて少しすきまを開けてラップをし、電子レンジで3分加熱する。
3. 水気を絞り、Ⓐで和える。

にんじんナムル

電子レンジ

冷蔵 3日 ・ 冷凍 2週間

材料（2人分）

にんじん	150g
Ⓐ ごま油	大さじ½
顆粒鶏ガラスープの素	小さじ1
塩、白いりごま、にんにくチューブ	各少々

作り方

1. にんじんは千切りにする。
2. 耐熱容器に入れて少しすきまを開けてラップをし、電子レンジで3分加熱する。
3. 水気を絞り、Ⓐで和える。

にんじんのきんぴら

電子レンジ

冷蔵 5日 ・ 冷凍 2週間

材料（2人分）

にんじん ……………… 170g

Ⓐ
みりん …… 大さじ1と½
しょうゆ ………… 大さじ1
砂糖 …………… 大さじ½
顆粒和風だしの素
　………………… 小さじ½

Ⓑ
白すりごま …… 大さじ1
ごま油 …………… 小さじ1

Point
調味料の汁気が飛び、味が煮詰まる。

作り方

1 にんじんは千切りにする。

2 耐熱容器ににんじんとⒶを入れ、少しすきまを開けてラップをして電子レンジで2分加熱する。

3 一度取り出して全体を混ぜ、具を周りに寄せるようにして真ん中を空ける。ラップをかけずに2分30秒加熱する。

4 Ⓑを加えて混ぜる。

にんじんしりしり

電子レンジ

冷蔵 3日 ・ 冷凍 2週間

材料（2人分）

にんじん ………………… 150g
ツナ缶 …………………………… 1個

Ⓐ
砂糖、しょうゆ、ごま油
　………………… 各小さじ1
顆粒和風だしの素
　………………… 小さじ½

卵 ………………………………… 1個
かつおぶし ………………… 3g

作り方

1 にんじんは千切りにする。ツナ缶は油を切る。

2 耐熱容器に 1 とⒶを入れて混ぜる。溶いた卵を流し入れ、少しすきまを開けてラップをし、電子レンジで4分加熱する。

3 卵をほぐしながら全体を混ぜ、かつおぶしを加える。

パプリカ

調理のポイント

1色でもいいですが2色使うとよりお弁当が彩り豊かになるのでおすすめです。

パプリカの塩昆布和え ……

電子レンジ

冷蔵 　3日　 ・ 冷凍 　2週間

材料（2人分）

パプリカ（赤・黄）……… 各½個
Ⓐ 塩昆布 ……………… 大さじ2
　 ごま油 …………… 大さじ½
　 白いりごま ………… 少々

作り方

1　パプリカは縦半分に切ったあと縦3mm幅に切る。

2　耐熱容器に入れて少しすきまを開けてラップをし、電子レンジで2分加熱する。

3　水気をふき取りⒶで和える。

パプリカのナムル ………

電子レンジ

冷蔵 　3日　 ・ 冷凍 　2週間

材料（2人分）

パプリカ（赤・黄）………… 各½個
Ⓐ ごま油 …………… 大さじ½
　 顆粒鶏ガラスープの素
　 　…………… 小さじ1
　 塩、白いりごま、
　 　にんにくチューブ
　 　…………… 各少々

作り方

1　パプリカは縦半分に切ったあと縦3mm幅に切る。

2　耐熱容器に入れて少しすきまを開けてラップをし、電子レンジで2分加熱する。

3　水気をふき取りⒶで和える。

パプリカのペペロン風 ………

電子レンジ

冷蔵 　3日　 ・ 冷凍 　2週間

材料（2人分）

パプリカ（赤・黄）……… 各½個
オリーブオイル …… 大さじ½
Ⓐ 顆粒コンソメスープの素、
　 にんにくチューブ
　 　…………… 各小さじ½
　 一味唐辛子、
　 　こしょう ……… 各少々

作り方

1　パプリカは縦半分に切ったあと縦3mm幅に切る。

2　耐熱容器に①とオリーブオイル入れ少しすきまを開けてラップをし電子レンジで2分加熱する。

3　水気をふき取りⒶで和える。

パプリカの
ツナチーズ焼き

トースター

冷蔵 3日 ・ 冷凍 2週間

材料（2人分）

パプリカ（赤・黄）……… 各½個
ツナ缶 ………………………… 1個
Ⓐ マヨネーズ …… 大さじ1
　 パン粉 …………… 小さじ1
　 しょうゆ ……… 少々
　 ピザ用チーズ ……… 少々

作り方

1 パプリカは縦6等分に切ったあと、横3等分に切る。ツナ缶は油を切る。

2 天板にアルミホイルを敷いてパプリカを並べる。油を切ったツナ缶とⒶを合わせてパプリカの中に詰める。

3 チーズをのせ、トースターで5〜7分焼く。

パプリカの塩きんぴら

電子レンジ

冷蔵 3日 ・ 冷凍 2週間

材料（2人分）

パプリカ（赤・黄）……… 各½個
Ⓐ みりん …………… 小さじ2
　 顆粒鶏ガラスープの素、
　 　ごま油 …… 各小さじ1
　 塩こしょう ………… 少々

作り方

1 パプリカは縦半分に切ったあと縦3mm幅に切る。

2 耐熱容器に入れて少しすきまを開けてラップをし、電子レンジで2分加熱する。

3 水気をふき取りⒶで和える。

赤・黄

かぼちゃ

調理のポイント

火が通りにくいため電子レンジで時短！　甘いかぼちゃは箸休めにぴったりです。

かぼちゃの煮物 ………………………………

電子レンジ

冷蔵 5日 ・ 冷凍 2週間

材料（2人分）

かぼちゃ ……………………………………… ¼個（350g）
Ⓐ　水 ……………………………………………… 100cc
　　砂糖 ……………………………………… 大さじ1と½
　　しょうゆ、みりん ……………………… 各大さじ1
　　顆粒和風だしの素 ……………………… 小さじ¼

作り方

1　かぼちゃは3cm角に切る。

2　耐熱容器にⒶを入れて合わせる。かぼちゃの皮を上にして入れ、少しすきまを開けてラップをして電子レンジで7分加熱する。

かぼちゃの塩きんぴら ………………………

電子レンジ

冷蔵 3日 ・ 冷凍 2週間

材料（2人分）

かぼちゃ …………………………………………… 150g
Ⓐ　みりん ……………………………………… 小さじ2
　　顆粒鶏ガラスープの素 ………………… 小さじ1
黒いりごま …………………………………………… 少々

作り方

1　かぼちゃは5mm厚さの薄切りにしたあと千切りにする。

2　耐熱容器に1とⒶを入れ、少しすきまを開けてラップをして電子レンジで3分加熱する。

3　黒いりごまを加えて混ぜる。

かぼちゃのマヨサラダ ……
電子レンジ

冷蔵 3日

材料（2人分）

かぼちゃ ………………… 100g
ハーフベーコン ………… 2枚
Ⓐ マヨネーズ …… 大さじ1
　酢 ………………… 小さじ½
　塩 ………………………… 少々

作り方

1 かぼちゃは5mm厚さの薄切りにし、さらに食べやすい大きさに切る。ベーコンは細切りにする。

2 耐熱容器にベーコン、かぼちゃの順に入れて少しすきまを開けてラップをし、電子レンジで3分加熱する。

3 Ⓐを加えて軽くかぼちゃをつぶしながら混ぜる。

かぼちゃコロッケ ……
電子レンジ　トースター

冷蔵 3日 ・ 冷凍 2週間

材料（2人分）

かぼちゃ ………………… 150g
ハーフベーコン ………… 2枚
Ⓐ バター ………………… 5g
　しょうゆ ……… 小さじ¼
　塩 ………………………… 少々
パン粉 ………………… 大さじ3

作り方

1 かぼちゃは2cm角に切る。ベーコンは5mm幅の細切りにする。

2 耐熱容器にベーコン、かぼちゃ、Ⓐの順に入れ、少しすきまを開けてラップをして電子レンジで4分加熱する。

3 かぼちゃをつぶして丸く成形し、パン粉をつける。

4 天板にアルミホイルを敷いて3をのせる。表面にサラダ油（分量外）を薄く塗ってトースターで10分焼く。

コーン・ヤングコーン

コーンのバターしょうゆ

トースター

冷蔵 3日 ・ 冷凍 2週間

材料（2人分）

コーン ……………………………………………… 大さじ2
バター ………………………………………………… 3g
しょうゆ ………………………………………… 小さじ¼
塩こしょう ……………………………………………… 少々

作り方

1 アルミカップにすべての材料を入れる。

2 トースターで3分焼く。

コーンとウィンナーの
カレー焼き

トースター

冷蔵 3日 ・ 冷凍 2週間

材料（2人分）

コーン ……………………………………………… 大さじ2
ウィンナー ……………………………………………… 1本
カレー粉 ………………………………………… 小さじ¼
塩こしょう ……………………………………………… 少々

作り方

1 ウィンナーは5mm厚さの輪切りにする。

2 アルミカップにすべての材料を入れて軽く混ぜる。トースターで3～5分焼く。

ヤングコーンのチーズ焼き

トースター

冷蔵 ｜ 3日

材料（2人分）

ヤングコーン（水煮）	5本
マヨネーズ	少々
溶けるスライスチーズ	1枚

作り方

1 チーズは5等分にする。

2 天板にアルミホイルを敷いてヤングコーンを並べる。マヨネーズをかけ、チーズをのせてトースターで3〜5分焼く。

ヤングコーンとピーマンの塩昆布和え

電子レンジ

冷蔵 ｜ 3日 ・ 冷凍 ｜ 2週間

材料（2人分）

ヤングコーン	5本
ピーマン	3個
Ⓐ 塩昆布	大さじ2
ごま油	大さじ½
白いりごま	少々

作り方

1 ピーマンは縦半分に切り、さらに横に3mm厚さの細切りにする。ヤングコーンは5mm厚さの輪切りにする。

2 耐熱容器に❶を入れて少しすきまを開けてラップをし、電子レンジで1分30秒加熱する。

3 Ⓐを加えて和える。

さつまいも

調理のポイント
小さく切って電子レンジでチンすれば忙しい朝でも手早く調理できます。

さつまいもの甘煮 ……………………………………

電子レンジ

冷蔵 5日 ・ 冷凍 2週間

材料（2人分）

さつまいも ……………………………………… 120〜150g
🅐 水 ……………………………………………… 150cc
　 砂糖 …………………………………………… 大さじ2
　 塩 …………………………………………………… 少々

作り方

1. さつまいもは1cm厚さの輪切りにし、水（分量外）に5分浸して水気を切る。

2. 耐熱容器に🅐とさつまいもを入れて電子レンジでラップなしで5分加熱する。

さつまいもの塩バター煮 ………………………

電子レンジ

冷蔵 5日 ・ 冷凍 2週間

材料（2人分）

さつまいも ………………………………………… 250g
🅐 砂糖 …………………………………………… 大さじ1
　 バター ……………………………………………… 10g
　 塩 …………………………………………………… 少々

作り方

1. さつまいもは皮をむいて2cm角のさいの目切りにする。

2. 耐熱容器に入れて少しすきまを開けてラップをし、電子レンジで5分加熱する。

3. 🅐を加えて混ぜる。

大学芋 ⋯⋯⋯⋯⋯⋯⋯⋯⋯⋯⋯⋯⋯⋯⋯⋯
電子レンジ

冷蔵 3日 ・ 冷凍 2週間

材料（2人分）

さつまいも ⋯⋯⋯⋯⋯⋯ 250g
Ⓐ 砂糖 ⋯⋯⋯⋯⋯⋯ 大さじ4
　 サラダ油 ⋯⋯⋯ 大さじ½
　 しょうゆ ⋯⋯⋯ 小さじ1
黒いりごま ⋯⋯⋯⋯⋯⋯ 少々

作り方

1 さつまいもは縦半分に切り、1cm厚さの半月切りにする。

2 耐熱容器に入れ、Ⓐを加えて軽く混ぜる。少しすきまを開けてラップをし、電子レンジで5分加熱する。

3 一度取り出して全体を混ぜ、ラップなしで2分加熱する。

4 黒いりごまをかける。

さつまいもボール ⋯⋯⋯
電子レンジ　トースター

冷蔵 3日 ・ 冷凍 2週間

材料（2人分）

さつまいも ⋯⋯⋯⋯⋯⋯ 250g
Ⓐ 牛乳 ⋯⋯⋯ 大さじ1〜2
　 砂糖 ⋯⋯⋯⋯⋯⋯ 大さじ1
　 バター ⋯⋯⋯⋯⋯⋯ 10g

作り方

1 さつまいもは皮をむいて1cm厚さの輪切りにする。耐熱容器に入れて少しすきまを開けてラップをし、電子レンジで5分加熱する。

2 熱いうちにつぶしてⒶを加えて混ぜ、一口大に丸める。

3 天板にアルミホイルを敷いて薄くサラダ油（分量外）を塗る。**2**を並べてトースターで5〜7分焼く。

なす

調理のポイント
和風から洋風まで合います。お弁当には輪切りか半月切りが手早く調理できておすすめです。

なすの照り焼き

トースター

冷蔵 ┃ 3日

材料（2人分）

なす ……………………………………………………… 1本
片栗粉 ……………………………………………… 小さじ1
Ⓐ｜砂糖、しょうゆ、みりん ……… 各小さじ2

作り方

1 なすは1cm厚さの輪切りにする。ポリ袋になすと片栗粉を入れ、よくふって全体にまぶす。

2 天板にアルミホイルを敷いてサラダ油（分量外）を塗る。なすを並べて上からも油を塗り、トースターで5分焼く。

3 Ⓐを全体にかけてさらに2分焼く。

なすのしょうが焼き

トースター

冷蔵 ┃ 3日

材料（2人分）

なす ……………………………………………………… 1本
片栗粉 ……………………………………………… 小さじ1
Ⓐ｜しょうゆ ………………………………… 小さじ2
｜酒、みりん …………………………… 各小さじ1
｜砂糖、しょうがチューブ ……… 各小さじ½

作り方

1 なすは1cm厚さの輪切りにする。ポリ袋になすと片栗粉を入れ、よくふって全体にまぶす。

2 天板にアルミホイルを敷いてサラダ油（分量外）を塗る。なすを並べて上からも油を塗り、トースターで5分焼く。

3 Ⓐを全体にかけてさらに2分焼く。

なすピザ

トースター

冷蔵　3日

材料（2人分）

なす	1本
オリーブオイル	少々
ピザソース	少々
ピザ用チーズ	少々

作り方

1 なすは1〜1.5cm厚さの輪切りにする。

2 天板にアルミホイルを敷いてなすを並べる。オリーブオイルを薄く塗り、ピザソースを塗ってチーズをのせる。トースターで6〜8分焼く。

なすみそ

電子レンジ

冷蔵　3日

材料（2人分）

なす	1本
砂糖、酒、みそ	各小さじ1
しょうがチューブ、にんにくチューブ	各小さじ¼
ごま油	少々

作り方

1 なすは縦半分に切り、1cm厚さの半月切りにする。

2 耐熱容器にすべての材料を入れて軽く混ぜる。少しすきまを開けてラップをして電子レンジで3分加熱する。

じゃがいも

調理のポイント
電子レンジで加熱時間を短縮。つぶして好きな形にできるのでアレンジしやすい！

じゃがいもの塩昆布マヨ和え

電子レンジ

`冷蔵` `3日`

材料（2人分）

じゃがいも ……………………………… 1個（100g）
Ⓐ マヨネーズ ……………………………… 大さじ1
　 塩昆布 …………………………………… 大さじ½

作り方

1　じゃがいもは皮をむいて洗い、水気がついたままラップで包んで電子レンジで3分30秒加熱する。

2　取り出して粗くつぶし、Ⓐを加えて混ぜる。

コンソメポテト

トースター

`冷蔵` `3日` ・ `冷凍` `2週間`

材料（2人分）

じゃがいも ……………………………………… 100g
Ⓐ 顆粒コンソメスープの素 ………… 小さじ½
　 ガーリックパウダー、塩こしょう … 各少々

作り方

1　じゃがいもは皮をむいて1cm幅のくし切りにする。

2　天板にアルミホイルを敷き、薄くサラダ油（分量外）を塗ってじゃがいもを並べる。上からも薄く油を塗り、トースターで10〜15分焼く。

3　取り出してⒶを全体にまぶす。

チーズinポテト

 電子レンジ トースター

冷蔵 3日 ・ 冷凍 2週間

材料（2人分）

じゃがいも ……… 1個（100g）
Ⓐ 粉チーズ ………… 小さじ1
　 顆粒コンソメスープの素
　 …………………… 小さじ¼
　 塩こしょう ………… 少々
ベビーチーズ ……………… 1個

作り方

1 じゃがいもは皮をむいて洗い、水気がついたままラップで包んで電子レンジで3分30秒加熱する。

2 じゃがいもがなめらかになるまでつぶし、Ⓐを加えて混ぜる。

3 ベビーチーズは8等分にし、2のじゃがいもで1つずつ包む。

4 天板にアルミホイルを敷き、薄くサラダ油（分量外）をひいてじゃがいもを並べる。上からも薄く油を塗り、トースターで7〜10分焼く。

型抜きポテト

 電子レンジ トースター

冷蔵 3日 ・ 冷凍 2週間

材料（2人分）

じゃがいも ……… 1個（100g）
Ⓐ 片栗粉 …………… 小さじ½
　 塩こしょう ………… 少々

作り方

1 じゃがいもは皮をむいて洗い、水気がついたままラップで包んで電子レンジで3分30秒加熱する。

2 じゃがいもがなめらかになるまでつぶし、Ⓐを加えて混ぜる。

3 めん棒などで8mm厚さに伸ばし、好みのクッキー型で型抜きする。

4 天板にアルミホイルを敷き、サラダ油（分量外）を多めにひいてじゃがいもを並べる。上からも油を塗り、トースターで7〜10分焼く。

れんこん

調理のポイント

お弁当には小さく詰めやすいいちょう切りがおすすめ。加熱時間も短縮できます。

れんこんのきんぴら

電子レンジ

冷蔵 3日 ・ 冷凍 2週間

材料（2人分）

れんこん ……………………… 150g

Ⓐ
みりん ………………… 小さじ3
しょうゆ ……………… 小さじ2
砂糖 …………………… 小さじ1
顆粒和風だしの素、
　ごま油 …… 各小さじ½
白すりごま …………… 大さじ1

作り方

1 れんこんは皮をむいて2〜3mm厚さのいちょう切りにする。

2 耐熱容器にれんこんとⒶを入れて混ぜる。少しすきまを開けてラップをし、電子レンジで2分30秒加熱する。

3 一度取り出して混ぜ、れんこんを器の周りによせて真ん中を開ける。ラップなしでさらに2分加熱する。

4 すりごまを加えて混ぜる。

れんこん青のりチーズ

トースター

冷蔵 3日 ・ 冷凍 2週間

材料（2人分）

れんこん ……………………… 100g
オリーブオイル ……… 小さじ1

Ⓐ
青のり、 粉チーズ
　……………… 各小さじ1
塩 …………………………… 少々

作り方

1 れんこんは皮をむいて3mm厚さのいちょう切りにする。

2 天板にアルミホイルを敷き、れんこんを並べて全体にオリーブオイルをかける。トースターで7〜10分焼く。

3 Ⓐを全体にまぶす。

明太れんこん ………………………
電子レンジ

冷蔵 3日 ・ 冷凍 2週間

材料（2人分）

れんこん …………………… 150g
明太子 ……………………… 大さじ1
バター ……………………… 5g
しょうゆ …………………… 小さじ½

作り方

1 れんこんは皮をむいて2〜3mm厚さのいちょう切りにする。明太子は薄皮を取り除く。

2 明太子、れんこん、バター、しょうゆの順に耐熱容器に入れる。少しすきまを開けてラップをし、電子レンジで3分加熱して全体をよく混ぜる。

れんこんのツナサラダ ……
電子レンジ

冷蔵 3日

材料（2人分）

れんこん ………………………… 150g
水 ……………………………… 大さじ½
Ⓐ｜ツナ缶 …………………… ½缶
　　マヨネーズ
　　　…………… 大さじ1と½
　　顆粒鶏ガラスープの素
　　　………………… 小さじ¼
　　ごま油 …………………… 少々

作り方

1 れんこんは皮をむいて2〜3mm厚さのいちょう切りにする。

2 耐熱容器にれんこんと水を入れ、少しすきまを開けてラップをして電子レンジで2分30秒加熱する。

3 水気をふき取ってⒶを加えて和える。

ごぼう

調理のポイント
きんぴらや和え物など和風の味付けがおすすめ。作り置きにも適しています。

ごぼうの梅おかか和え

電子レンジ

| 冷蔵 | 3日 | ・ | 冷凍 | 2週間 |

材料（2人分）

ごぼう	100g
Ⓐ 酒、みりん	各大さじ½
顆粒和風だしの素、しょうゆ	各小さじ¼
Ⓑ 梅干し	1個
かつおぶし	2g

作り方

1. ごぼうは丸めたアルミホイルでこすりながら洗って泥を落とす。縦半分に切り、3㎝幅に切る。

2. 耐熱容器にごぼうとⒶを入れ、少しすきまを開けてラップをして電子レンジで4分加熱する。

3. Ⓑを加えて混ぜる。

たたきごぼう

電子レンジ

| 冷蔵 | 3日 |

材料（2人分）

ごぼう	100g
Ⓐ 白すりごま	大さじ1
砂糖、しょうゆ、酢	各小さじ2

作り方

1. ごぼうは丸めたアルミホイルでこすりながら洗って泥を落とす。縦半分に切り、3㎝幅に切る。

2. 耐熱容器に入れ、少しすきまを開けてラップをして電子レンジで4分加熱する。

3. ごぼうをめん棒で軽くたたき、Ⓐを加えて混ぜる。

ごぼうのにんじんマヨサラダ …………
電子レンジ

冷蔵 3日

材料（2人分）

ごぼう ……………………………………… 100g
にんじん …………………………………… 50g
Ⓐ マヨネーズ ………………… 大さじ1と½
白すりごま …………………………… 大さじ1
砂糖、酢、しょうゆ ……………… 各小さじ½

作り方

① ごぼうは丸めたアルミホイルでこすりながら洗って泥を落とし、千切りにする。にんじんは千切りにする。

② 耐熱容器に①を入れ、少しすきまを開けてラップをして電子レンジで4分加熱する。

③ 水気をふき取り、粗熱がとれたらⒶを加えて混ぜる。

ごぼうの塩きんぴら ………………………
電子レンジ

冷蔵 3日 ・ 冷凍 2週間

材料（2人分）

ごぼう …………………………………… 100g
Ⓐ みりん ……………………………… 小さじ2
顆粒鶏ガラスープの素、ごま油
………………………………… 各小さじ1
塩こしょう ………………………………… 少々
白いりごま ………………………………… 少々

作り方

① ごぼうは丸めたアルミホイルでこすりながら洗って泥を落とし、千切りにする。

② 耐熱容器にごぼうとⒶを入れ、少しすきまを開けてラップをして電子レンジで4分加熱する。

③ ごまをふって混ぜる。

白・茶

大根・かぶ

調理のポイント

ゆでたり炒めたりすると時間がかかる大根やかぶも、電子レンジで時短！

大根とにんじんのきんぴら

電子レンジ

| 冷蔵 | 3日 | ・ | 冷凍 | 2週間 |

材料（2人分）

大根	150g
にんじん	50g
Ⓐ みりん	大さじ1と½
しょうゆ	大さじ1
砂糖	大さじ½
顆粒和風だしの素	小さじ½
ごま油	小さじ1

作り方

1 大根とにんじんは細切りにする。

2 耐熱容器に**1**と**Ⓐ**を入れて少しすきまを開けてラップをし、電子レンジで2分30秒加熱する。

3 一度取り出して全体を混ぜ、ラップなしでさらに2分加熱する。

4 ごま油を加えて和える。

大根とベーコンのコンソメ煮

電子レンジ

| 冷蔵 | 3日 | ・ | 冷凍 | 2週間 |

材料（2人分）

大根	100g
ハーフベーコン	2枚
Ⓐ みりん	大さじ½
顆粒コンソメスープの素	小さじ½
塩こしょう	少々

作り方

1 大根とベーコンは細切りにする。

2 耐熱容器にベーコン、大根、**Ⓐ**の順で入れて少しすきまを開けてラップをし、電子レンジで3分加熱する。

かぶの
バターしょうゆ焼き

トースター

| 冷蔵 | 3日 | ・ | 冷凍 | 2週間 |

材料（2人分）

かぶ	1個
バター	5g
塩こしょう	少々
しょうゆ	小さじ½

作り方

1 かぶはくし切りにする。

2 天板にアルミホイルを敷いて薄くサラダ油（分量外）を塗り、かぶを並べる。バターをのせて塩こしょうをふり、トースターで10〜15分焼く。

3 しょうゆを全体にかけて和える。

かぶのカレーグリル

トースター

| 冷蔵 | 3日 | ・ | 冷凍 | 2週間 |

材料（2人分）

かぶ	1個
塩こしょう	少々
オリーブオイル	小さじ1
カレー粉	小さじ¼

作り方

1 かぶはくし切りにする。

2 天板にアルミホイルを敷いてかぶを並べる。塩こしょうをふってオリーブオイルを全体にかけ、トースターで10〜15分焼く。

3 カレー粉を全体にふって和える。

きのこ

調理のポイント
洋風和風どんな味付けでもおいしい！ バターやチーズを合わせると子どもも食べやすいです。

しめじのバターしょうゆ炒め ··················
トースター

冷蔵 3日 ・ 冷凍 2週間

材料（2人分）

しめじ ··· 1袋
バター ··· 10g
しょうゆ ·· 小さじ2
塩こしょう ··· 少々

作り方

1 しめじは石づきを取ってほぐす。

2 天板にアルミホイルを敷いてしめじとバターをのせ、しょうゆをかけて塩こしょうをふる。アルミホイルをかけてトースターで8〜10分焼き、よく混ぜる。

エリンギの中華煮 ··································
電子レンジ

冷蔵 3日 ・ 冷凍 2週間

材料（2人分）

エリンギ ·· 1袋
Ⓐ｜ しょうゆ、ごま油 ························ 各小さじ1
　｜ 顆粒鶏ガラスープの素 ·············· 小さじ½
　｜ 塩こしょう ································· 少々
ラー油 ··· 少々

作り方

1 エリンギは半分の長さに切る。さらに半分に切り、縦方向に5mm幅に切る。

2 耐熱容器にエリンギとⒶを入れて軽く混ぜる。少しすきまを開けてラップをし、電子レンジで2分30秒加熱する。

3 ラー油を加えて混ぜる。

しいたけのみそマヨ焼き

トースター

冷蔵　3日

材料（2人分）

しいたけ ……………………………………… 5個
Ⓐ｜マヨネーズ ……………………………… 大さじ1
　｜みそ ……………………………………… 小さじ½

作り方

1 しいたけは石づきをとる。

2 天板にアルミホイルを敷いてしいたけのかさが下になるように並べる。合わせたⒶを塗ってトースターで5〜7分焼く。

まいたけの塩昆布和え

電子レンジ

冷蔵　3日　・　冷凍　2週間

材料（2人分）

まいたけ …………………………………… 1袋
Ⓐ｜塩昆布 …………………………………… 大さじ1
　｜ごま油 …………………………………… 小さじ1
　｜かつおぶし ……………………………… 2g

作り方

1 まいたけは食べやすい大きさにさく。

2 耐熱容器に入れて少しすきまを開けてラップをし、電子レンジで2分30秒加熱する。

3 Ⓐを加えて和える。

あると便利な常備菜

時間があるときに作っておきたいのがピクルスや漬け物などの常備菜。
お弁当のすき間を埋めたり、足りない色味を補ったりと、
さまざまな使い方ができるのであると重宝するはずです。

パプリカとズッキーニのピクルス

冷蔵 2週間

材料（作りやすい分量）

パプリカ(赤·黄)	1個
ズッキーニ	½本
Ⓐ 水、酢	各100cc
砂糖	大さじ2と½
塩	小さじ1
唐辛子、黒こしょう、粒マスタード	小さじ1
ローリエ(好みで)	1枚

作り方

1　パプリカとズッキーニは食べやすい大きさに切って煮沸消毒した瓶に入れる。

2　Ⓐを鍋に入れて強火にかけ、沸騰したら熱いまま①の瓶に注ぐ。

大根の赤しそふりかけ漬け

冷蔵 5日

材料（作りやすい分量）

大根	150g
酢	大さじ1
赤しそふりかけ、砂糖	各大さじ½
塩	少々

作り方

1　大根は5mm厚さの拍子木切りにする。

2　ジッパー付き保存袋にすべての材料を入れ、全体が混ざるように揉んで冷蔵庫に半日以上おく。

Part
4

卵・加工品の
おかず

お弁当食材の大定番・卵のほか、ハム、ベーコン、はんぺんなど
身近な加工品を使ったおかずをたっぷりご紹介。
卵焼き・ハムカップ・ベーコン巻きなど、基本を押さえれば
アレンジ可能なレシピも紹介しているので飽きずに作れるはずです。

卵 > 基本の卵焼きの作り方

冷蔵 3日 ・ 冷凍 2週間

材料（作りやすい分量）

卵	………………………	3個
Ⓐ 水	………………………	大さじ2
砂糖	………………………	大さじ1と½
みりん	………………………	大さじ1
顆粒和風だしの素	………	小さじ½
塩	………………………	少々

1 ボウルにⒶを入れてよく混ぜる。冷凍保存する場合は片栗粉小さじ1（分量外）を加える。

2 ①に卵を割り入れて溶きほぐす。

3 フライパンにサラダ油（分量外）をひき、卵液を9割入れてさっと混ぜる。

4 固まってきたらフライパンの奥に卵を寄せる。

5 少量のサラダ油（分量外）をひき、残りの卵液を流し入れ、フライパン全体に広げる。

6 火が通ったらフライ返しやへらで奥から巻いて形を整える。

> ## 卵焼きアレンジ３選

ハムとチーズの卵焼き

冷蔵 3日 ・ 冷凍 2週間

材料（作りやすい分量）

ハム	2枚
スライスチーズ	2枚
Ⓐ 卵	2個
牛乳	大さじ1
塩こしょう	少々
バター	5g

作り方

1. ハムとチーズは細かく刻んでボウルに入れる。Ⓐの材料を合わせてよく混ぜる。

2. フライパンにバターをひいて卵液を9割入れて混ぜる。基本の卵焼きの作り方と同様に焼く。

明太マヨ卵焼き

冷蔵 3日 ・ 冷凍 2週間

材料（作りやすい分量）

卵	2個
明太子	大さじ2
マヨネーズ、水	各大さじ½

作り方

1. ボウルにすべての材料を入れてよく混ぜる。

2. 基本の卵焼きの作り方と同様に焼く。

大葉とカニかまの卵焼き

冷蔵 3日 ・ 冷凍 2週間

材料（作りやすい分量）

卵	2個
カニ風味かまぼこ	2本
大葉	2枚
砂糖、白だし、水	各大さじ½

作り方

1. カニかまと大葉は細かく刻む。ボウルにすべての材料を入れて混ぜる。

2. 基本の卵焼きの作り方と同様に焼く。

基本のくるくる卵焼きの作り方

| 冷蔵 | 3日 | ・ | 冷凍 | 2週間 |

材料（作りやすい分量）

卵	1個
Ⓐ 砂糖、水	各小さじ1
白だし	小さじ½
片栗粉	小さじ¼

1 ボウルにⒶを入れてよく混ぜる。卵を割り入れて溶きほぐす。

2 サラダ油（分量外）をひいたフライパンを弱火にかけ、卵液を全量入れてのばす。火が通り、表面が乾くまで焼く。

3 取り出して粗熱がとれたら写真のように半分に切る。

4 2枚重ねて片側からきつめにくるくると巻く。

5 ラップに包んで粗熱がとれるまでおき、食べやすい大きさに切る。

Point
急いでいるときは冷蔵庫で5分ほど冷やしてもOK。

⟫ くるくる卵焼きアレンジ2選

くるくるのり卵焼き

`冷蔵` `3日` ・ `冷凍` `2週間`

材料（作りやすい分量）

卵 ……………………………… 1個
焼きのり（全形）…………… 1枚
Ⓐ 砂糖、水 ……… 各小さじ1
　　白だし ………… 小さじ½
　　片栗粉 ………… 小さじ¼

作り方

1 基本のくるくる卵焼きの作り方 ❶〜❷と同様に卵を焼く。

2 卵を半分に切って片方にのりをのせる。

3 のりがしんなりしたら端からくるくる巻く。もう一方の卵に重ねてさらに巻く。

4 ラップに包んで粗熱がとれるまでおき、食べやすい大きさに切る。

くるくる魚肉ソーセージ卵焼き

`冷蔵` `3日` ・ `冷凍` `2週間`

材料（作りやすい分量）

卵 ……………………………… 1個
魚肉ソーセージ …………… 1本
Ⓐ 砂糖、水 ……… 各小さじ1
　　白だし ………… 小さじ½
　　片栗粉 ………… 小さじ¼

作り方

1 基本のくるくる卵焼きの作り方 ❶〜❷と同様に卵を焼く。

2 卵を半分に切って2枚重ねる。

3 魚肉ソーセージをのせて端からくるくると巻く。

4 ラップに包んで粗熱がとれるまでおき、食べやすい大きさに切る。

その他の卵のおかずの作り方

レンジ丸オムレツ ··················
電子レンジ

冷蔵 3日 ・ 冷凍 2週間

材料（1個分）

卵 ······························· 1個
ハム ······························ ½枚
スライスチーズ ············ ¼枚
牛乳 ····················· 大さじ1
マヨネーズ ············· 小さじ1
塩 ································· 少々

作り方

1 ハムとチーズは細かく刻む。

2 ボウルにすべての材料を入れて混ぜる。

3 別の耐熱ボウルにラップを敷き、2を注ぎ入れる。ラップを中央に合わせて上部を軽く閉じ、電子レンジで1分10秒〜1分30秒加熱する。

4 耐熱ボウルから取り出して丸く成形し、粗熱がとれたらラップを外す。

半月卵

冷蔵 3日

材料（1個分）

卵 ······························· 1個
塩 ································· 少々

作り方

1 フライパンにサラダ油（分量外）をひいて中火で温める。

2 卵を割り入れ、火が通りきる前に白身をフライ返しでのばして広げる。

3 白身が固まったら塩をふり、フライ返しで半分に折る。

4 弱火にして水大さじ1（分量外）を加え、ふたをして2分蒸し焼きする。粗熱が取れたら半分に切る。

ベーコンエッグカップ

電子レンジ

冷蔵 3日

材料（1個分）

卵 ……………………… 1個
ハーフベーコン ……………… 2枚
こしょう ……………………… 少々

作り方

1 ココット（直径7cmのものを使用）にベーコンを十字になるようにのせる。

2 こしょうをふり、卵を割り入れる。フォークで黄身を2ヶ所刺す。

3 ラップをしっかりとかけて電子レンジで加熱する。Sサイズの卵は1分20秒、M・Lサイズは1分30秒が目安。

4 粗熱がとれたらココットから取り出す。

ピーマンエッグ

電子レンジ　トースター

冷蔵 3日 ・ 冷凍 2週間

材料（2人分）

ピーマン ……………………… 1個
ハーフベーコン ……………… 1/2枚
ピザ用チーズ（好みで）…… 少々
Ⓐ 卵 ……………………… 1個
　マヨネーズ …… 小さじ1
　顆粒コンソメスープの素
　………………… 小さじ1/4
　塩 …………………… 少々

作り方

1 ピーマンは5〜7mm幅の輪切りにする。余った部分とベーコンは細かく刻む。

2 耐熱容器にⒶと①で刻んだ具材を入れて混ぜる。ラップなしで電子レンジで1分〜1分20秒加熱する。

3 取り出して卵をほぐす。

4 天板に輪切りにしたピーマンを並べ、③を詰める。チーズをのせてトースターで5分焼く。

ハム 〉 基本のハムカップの作り方

| 冷蔵 | 3日 |
| 冷凍 | 2週間 | ……………… トースター

材料（1個分）

ハム	1枚
Ⓐ コーン	大さじ1
マヨネーズ	小さじ½
ピザ用チーズ	少々

1 ハムは半分に折る。

2 さらに半分に折り、写真のように斜めに1ヶ所切れ目を入れる。

3 ココットにアルミカップを入れ、ハムをのせてカップに合わせて形を整える。

> **Point**
> ココットの代わりにマフィン型などを使ってもOK！

4 ボウルにⒶを入れてよく混ぜる。

5 ❸に❹の具材を入れ、トースターでチーズが溶けるまで3〜5分焼く。

ハムカップアレンジ3選

卵のハムカップ

トースター

| 冷蔵 | 3日 |

材料（1個分）

ハム …………………………… 1枚
卵（Sサイズ）…………………… 1個
塩こしょう …………………… 少々

作り方

1. 基本のハムカップの作り方❶～❸と同様にハムカップを作る。

2. 塩こしょうをふり、卵を割り入れる。トースターで5分焼く。

キッシュ風ハムカップ

トースター

| 冷蔵 | 3日 |

材料（1個分）

ハム …………………………… 3枚
ミニトマト …………………… 3個
ほうれん草（ゆでて細かく切る）
………………………………… 少々
Ⓐ ┌ 卵 ………………………… 1個
　 ├ 牛乳 ……………… 大さじ3
　 ├ 粉チーズ ……… 大さじ½
　 └ 塩こしょう ………… 少々

作り方

1. 基本のハムカップの作り方❶～❸と同様にハムカップを作る。

2. ミニトマトとほうれん草をのせ、合わせたⒶを注ぐ。トースターで5～8分焼く。

じゃがバターハムカップ

トースター

| 冷蔵 | 3日 | ・ | 冷凍 | 2週間 |

材料（1個分）

ハム …………………………… 2枚
じゃがいも ………… 1個（100g）
Ⓐ ┌ バター ………………… 5g
　 └ 塩こしょう ………… 少々

作り方

1. 基本のハムカップの作り方❶～❸と同様にハムカップを作る。

2. じゃがいもは皮をむいて洗い、水気がついたままラップで包んで電子レンジで3分30秒加熱する。熱いうちにフォークやマッシャーでつぶす。

3. Ⓐを加えて混ぜ、❶のハムカップに入れてトースターで3～5分焼く。

ハムと卵のくるくるフライ

冷蔵 3日 ・ 冷凍 1ヶ月

材料（3〜4人分）

ハム …………………… 3〜4枚
Ⓐ 卵 ………………………… 1個
　 牛乳 …………………… 小さじ1
　 塩 ……………………………… 少々
マヨネーズ
　………………… 大さじ1〜1と½
Ⓑ 小麦粉、水
　　……… 各大さじ1と½
パン粉 ………………………… 少々

作り方

1 耐熱ボウルにⒶを入れて混ぜ、少しすきまを開けてラップをして電子レンジで1分〜1分10秒加熱する。

2 フォークなどで細かくほぐし、マヨネーズを加えて混ぜる。

3 ハム1枚の上に❷の大さじ1量をのせて広げる。巻きやすいように⅓くらいあけておく。

4 端からくるくる巻く。合わせたⒷ、パン粉の順に衣をつけて多めの油で揚げ焼きする。

ハムポテトフライ

冷蔵 3日 ・ 冷凍 1ヶ月

材料（3個分）

ハム ……………………………… 3枚
じゃがいも ………… 1個（100g）
Ⓐ マヨネーズ …… 大さじ1
　 塩こしょう ………… 少々
Ⓑ 小麦粉、水 … 各大さじ2
パン粉 ………………………… 少々

作り方

1 じゃがいもは皮をむいて洗い、水気がついたままラップで包んで電子レンジで3分30秒加熱する。

2 ボウルに❶を入れてフォークなどでつぶし、Ⓐを加えて混ぜる。

3 ハム1枚に❷の⅓量をのせて半分に折る。残り2枚も同様に作る。

4 合わせたⒷ、パン粉の順で衣をつけ、多めの油で揚げ焼きにする。

ハムカツ

冷蔵 3日 ・ 冷凍 1ヶ月

材料（6個分）

ハム …………………………… 6枚
スライスチーズ …………… 1枚
Ⓐ 小麦粉、水 … 各大さじ2
マヨネーズ …… 小さじ1
パン粉 ………………………… 少々

作り方

1 ハムは半分に切る。チーズは6等分にする。

2 ハム、チーズ、ハムの順に重ねる。同様にして計6個作る。

3 合わせたⒶ、パン粉の順に衣をつけ、多めの油で揚げ焼きする。

ミルフィーユハムカツ

冷蔵 3日 ・ 冷凍 2週間

材料（1個分）

ハム …………………………… 5枚
スライスチーズ …………… 4枚
Ⓐ 小麦粉、水 … 各大さじ2
マヨネーズ …… 小さじ1
パン粉 ………………………… 少々

作り方

1 ハムとチーズを交互に重ねる。チーズがはみ出る部分は内側に折る。

2 合わせたⒶ、パン粉の順に衣をつける。170度に熱した油で揚げる。

Point

冷凍する場合は衣をつけたあとラップに包む。使うときは凍ったまま揚げ焼きにする。

ベーコン ＞ 基本のベーコン巻きの作り方

電子レンジ

冷蔵	3日	・	冷凍	2週間

材料（2個分）

ハーフベーコン ················· 2枚
ピーマン ···························· 1個
スライスチーズ ··············· 1枚
こしょう ···························· 少々

1 ピーマンは縦半分に切り、さらに縦に3mm幅に切る。チーズは縦半分に切る。

2 ベーコンにこしょうをふり、チーズとピーマンをのせて巻く。

3 巻き終わりを下にして耐熱皿にのせ、電子レンジで1分30秒加熱する。

● こんな具材で作っても！

〈野菜・きのこ〉
ブロッコリー
じゃがいも
えのき
ミニトマト

〈卵・加工品〉
厚揚げ
ちくわ
うずらの卵
チーズ

ベーコン巻きアレンジ3選

スナップエンドウの ベーコン巻き

電子レンジ

冷蔵 3日 ・ 冷凍 2週間

材料（2個分）

ハーフベーコン ················· 2枚
スナップエンドウ ············ 2本
こしょう ····························· 少々

作り方

1 スナップエンドウは筋を取る。

2 ベーコンにこしょうをふり、スナップエンドウをのせて巻く。

3 巻き終わりを下にして耐熱皿にのせ、電子レンジで1分30秒加熱する。

はんぺんのベーコン巻き

トースター

冷蔵 3日 ・ 冷凍 2週間

材料（6個分）

ハーフベーコン ················· 6枚
はんぺん ····························· ½枚
スライスチーズ ··············· ½枚

作り方

1 はんぺんは半分の厚さに切ってチーズをはさむ。6等分に切る。

2 ベーコンの上に❶をのせ、端から巻く。

3 天板にアルミホイルを敷いて❷の巻き終わりを下にして並べ、トースターで3〜5分焼く。

ヤングコーンの ベーコン巻き

トースター

冷蔵 3日 ・ 冷凍 2週間

材料（2個分）

ハーフベーコン ················· 2枚
ヤングコーン ····················· 2本
こしょう ····························· 少々

作り方

1 ベーコンにこしょうをふる。ヤングコーンをのせて端から巻く。

2 天板にアルミホイルを敷いて❷の巻き終わりを下にして並べ、トースターで3〜5分焼く。

ウィンナー

チーズinウィンナー

冷蔵 3日 ・ 冷凍 2週間

材料（2個分）

ウィンナー ····················· 2本
ピザ用チーズ ···················· 少々

作り方

1 ウィンナーは縦に半分の深さまで切れ目を入れる。

2 フライパンを中火にかけ、温まったら**1**を切れ目を下にして置き、水大さじ1（分量外）を加える。水気がなくなり好みの焼き加減になるまで焼く。

3 耐熱皿にウィンナーをのせ、チーズを切れ目に入れる。電子レンジで10秒加熱する。

ウィンナーと卵炒め

冷蔵 3日 ・ 冷凍 2週間

材料（2個分）

ウィンナー ····················· 2本
Ⓐ 卵 ························ 1個
水、マヨネーズ
　············ 各小さじ1
顆粒コンソメスープの素
　················· 小さじ¼
塩 ···················· 少々
オリーブオイル、塩こしょう
　···················· 各少々

作り方

1 ウィンナーは食べやすい大きさに切る。Ⓐは混ぜておく。

2 フライパンにオリーブオイルをひいてウィンナーを焼く。焼き目がついたらⒶを加えて炒め、塩こしょうをふって味をととのえる。

ウィンナーの
餃子の皮包み焼き

冷蔵 3日 ・ 冷凍 2週間

材料（4個分）

ウィンナー ……………………… 4本
スライスチーズ …………… 1枚
餃子の皮 ……………………… 4枚
ピザソース ……………………… 少々

作り方

1 チーズは4等分にする。

2 餃子の皮にチーズ、ピザソース、ウィンナーの順にのせて端から巻く。少量の水をつけて巻き終わりの皮をとめる。

3 多めの油（分量外）をひいたフライパンで焼く。

ウィンナーとピーマン炒め

冷蔵 3日 ・ 冷凍 2週間

材料（2人分）

ウィンナー ……………………… 2本
ピーマン ……………………… 3個
ごま油 ……………………… 少々
Ⓐ 顆粒鶏ガラスープの素
　　 ……………………… 小さじ¼
　 塩こしょう …………… 少々

作り方

1 ウィンナーは斜め薄切りにする。ピーマンは縦半分に切り、横に3mm幅の細切りにする。

2 フライパンにごま油をひき、ウィンナーとピーマンを加えて炒める。Ⓐを加えて味をととのえる。

ちくわ

チーズinちくわ焼き

冷蔵 3日 ・ 冷凍 2週間

材料（4個分）

ちくわ ……………………………………… 2本
ベビーチーズ ……………………………… 1個
焼肉のたれ ………………………………… 大さじ½

作り方

1. ちくわは半分の長さに切る。ベビーチーズは縦4等分にする。

2. ちくわにチーズを詰める。

3. フライパンに並べ、軽く焼き目がつくまで中火で焼く。焼肉のたれを加えて煮絡める。好みで斜め半分に切る。

のり巻きちくわ

冷蔵 3日 ・ 冷凍 2週間

材料（2個分）

ちくわ ……………………………………… 1本
焼きのり …………………………………… 適量
ごま油 ……………………………………… 少々
焼肉のたれ ………………………………… 小さじ½

作り方

1. ちくわは半分の長さに切る。

2. ちくわの中央にのりを巻く。巻き終わりは少量の水をつけてとめる。

3. フライパンにごま油をひいて2を並べ、焼き目がつくまで中火で焼く。焼肉のたれを加えて煮絡める。

ちくわのくるくるフライ

冷蔵　3日　・　冷凍　2週間

材料（4個分）

ちくわ ……………………………………… 1本
Ⓐ｜小麦粉、水 ………………………… 各大さじ½
パン粉 …………………………………… 少々

作り方

①　ちくわは縦4等分にする。端からくるくる巻いて爪楊枝でとめる。

②　合わせたⒶ、パン粉の順でちくわに衣をつける。

③　フライパンに多めの油（分量外）をひいて中火で熱し、②を並べて両面を揚げ焼きする。

ちくわのカニかまチーズ焼き

トースター

冷蔵　3日　・　冷凍　2週間

材料（4個分）

ちくわ ……………………………………… 1本
カニ風味かまぼこ ……………………… 1本
マヨネーズ ……………………………… 少々
ピザ用チーズ …………………………… 少々

作り方

①　ちくわは縦半分に切り、さらに横半分に切る。

②　天板にちくわの溝を上にして並べ、マヨネーズをかける。

③　ほぐしたカニかま、チーズを順にのせてトースターで3〜5分焼く。

はんぺん

はんぺん青のり焼き

トースター

冷蔵　3日　・　冷凍　2週間

材料（2人分）

はんぺん ……………………………………… 1枚
マヨネーズ …………………………………… 大さじ1
青のり ………………………………………… 小さじ1

作り方

1 はんぺんは食べやすい大きさに切る。

2 ポリ袋にすべての材料を入れてはんぺんがくずれない程度に揉む。

3 天板に並べ、トースターで3〜5分焼く。

はんぺんボール

トースター

冷蔵　3日　・　冷凍　2週間

材料（2人分）

はんぺん ……………………………………… 1枚
ツナ缶 ………………………………………… 1缶
大葉 …………………………………………… 3枚
顆粒鶏ガラスープの素、片栗粉 …… 各小さじ1

作り方

1 ツナ缶は油を切る。大葉は刻む。

2 ポリ袋にすべての材料を入れ、なめらかになるまで揉んで少量ずつ丸く成形する。

3 天板に並べ、トースターで3〜5分焼く。

はんぺんとカニかまのまんまる焼き

トースター

冷蔵 3日 ・ 冷凍 2週間

材料（2人分）

はんぺん	100g
カニ風味かまぼこ	3本
枝豆	適量
ピザ用チーズ	適量
マヨネーズ	大さじ1
片栗粉	小さじ1

作り方

1 ポリ袋にすべての材料を入れ、なめらかになるまで揉んで少量ずつ丸く成形する。

2 天板に並べ、トースターで3〜5分焼く。

揚げないはんぺんフライ

トースター

冷蔵 3日 ・ 冷凍 2週間

材料（2人分）

はんぺん	1枚
マヨネーズ	大さじ½
パン粉	少々

作り方

1 ポリ袋にはんぺんとマヨネーズを入れてなめらかになるまで揉む。

2 ¼〜⅙量ずつ丸く成形してパン粉をまぶす。

3 天板に並べ、表面にサラダ油（分量外）を薄く塗る。トースターで10分焼く。

カニかま

カニかまの磯辺揚げ

冷蔵 3日 ・ 冷凍 2週間

材料（2個分）

カニ風味かまぼこ（大きめのもの）………… 2本
焼きのり …………………………………………… 少々
Ⓐ 小麦粉 ……………………………………… 大さじ1
水 …………………………………………… 大さじ1弱
青のり ……………………………………… 小さじ½

作り方

1 カニかまにのりを巻く。

2 合わせたⒶを絡める。

3 フライパンに多めの油（分量外）をひき、2を揚げ焼きする。

カニかまとピーマンのバターしょうゆ焼き ……

トースター

冷蔵 3日 ・ 冷凍 2週間

材料（2人分）

カニ風味かまぼこ ………………………………… 3本
ピーマン …………………………………………… 1個
バター ……………………………………………… 5g
しょうゆ ………………………………………… 小さじ½
塩こしょう ………………………………………… 少々

作り方

1 ピーマンは2〜3mm幅の細切りにする。カニかまは手で太めにさく。

2 天板にアルミホイルを敷いてすべての材料をのせる。トースターで3〜5分焼き、よく混ぜる。

カニかまのマヨサラダ

冷蔵 3日

材料（2人分）

カニ風味かまぼこ	2本
枝豆（冷凍）	大さじ2
コーン（冷凍）	大さじ1
Ⓐ マヨネーズ	小さじ2
塩	少々
ごま油	少々

作り方

① カニかまは6等分に切る。コーンと枝豆は解凍する。

② ボウルに①とⒶを入れてよく混ぜる。

カニかまのからあげ

冷蔵 3日 ・ 冷凍 2週間

材料（2個分）

Ⓐ カニ風味かまぼこ（大きめのものがおすすめ）	2本
しょうがチューブ、にんにくチューブ	各少々
顆粒鶏ガラスープの素	少々
しょうゆ	小さじ1
片栗粉	大さじ1

作り方

① ポリ袋にⒶを入れ、軽く揉んで味をなじませる。

② 片栗粉を加えて全体にまぶす。

③ フライパンに多めの油（分量外）をひき、②を入れ揚げ焼きにする。

簡単レンチンチャーハン&ピラフ

混ぜてチンするだけの簡単チャーハン&ピラフのレシピをご紹介。
ごはんそのものに味がついていて満足感があるので、
おかずが少なくても大丈夫！

レンジチャーハン

電子レンジ

卵と小ねぎを使った定番の味。好みでウィンナーやハムを加えても。

冷蔵 3日 ・ 冷凍 2週間

材料（1人分）

ごはん ‥‥‥‥‥‥‥‥‥‥ 150g
Ⓐ 卵 ‥‥‥‥‥‥‥‥‥‥ 1個
小ねぎ ‥‥‥‥‥‥ 1〜2本
顆粒鶏ガラスープの素、
ごま油 ‥‥‥ 各大さじ½
しょうゆ ‥‥‥‥ 小さじ½
塩こしょう ‥‥‥‥‥‥ 少々

作り方

1 小ねぎは小口切りにする。

2 耐熱容器にⒶを入れてよく混ぜる。ごはんを加えて混ぜ、少しすきまを開けてラップをして電子レンジで2分加熱する。

3 一度取り出してごはんをほぐす。広げてラップなしでさらに1分加熱する。

レンジピラフ

電子レンジ

バター風味のやさしい味。ハム、コーン、ピーマン入りで彩りも◎

冷蔵 3日 ・ 冷凍 2週間

材料（1人分）

ごはん ……………………… 150g
Ⓐ 玉ねぎ ……………………… ⅛個
　ピーマン ………………… ½個
　ハーフベーコン ……… 2枚
　コーン …………… 大さじ2
　顆粒コンソメスープの素
　………………… 小さじ1
　バター …………………… 5g
　塩こしょう ………… 少々

作り方

1 玉ねぎはみじん切りにする。ピーマンとベーコンは細かく刻む。

2 耐熱容器にⒶを入れ、すきまを開けてラップをして電子レンジで2分加熱する。

3 ごはんを加えてよく混ぜ、ラップなしでさらに1分加熱する。

簡単レンチンチャーハン＆ピラフ

レンジカレーピラフ ＿＿＿＿＿＿＿＿

電子レンジ

子どもでも食べやすいカレー風味！　具材は好みでアレンジしても。

冷蔵　3日　・　冷凍　2週間

材料（1人分）

ごはん ……………………………… 150g

Ⓐ ピーマン ……………………… ½個
　玉ねぎ ………………………… ⅛個
　ウィンナー …………………… 2本
　バター ………………………… 5g
　顆粒コンソメスープの素、
　　しょうゆ …………… 各小さじ¼
　塩こしょう、にんにくチューブ
　　…………………………… 各少々
カレー粉 ………………………… 小さじ1

作り方

1 ピーマンと玉ねぎはみじん切りにする。ウィンナーは輪切りにする。

2 耐熱容器にⒶを入れ、すきまを開けてラップをして電子レンジで2分加熱する。

3 ごはんとカレー粉を加えてよく混ぜ、ラップなしでさらに1分加熱する。

Part

5

かわいい
すきまおかず

お弁当箱にちょっとすきまがあるときや、
子どもの遠足などの特別なとき。そんなときに便利な
小さなすきまおかずをご紹介。簡単でかわいいものばかりなので
ぜひ挑戦してみてください。

ベーコンのぺろぺろキャンディー風

材料（3個分）

ハーフベーコン ……………………… 2枚
春巻きの皮 …………………………… 1枚

作り方

1 春巻きの皮はベーコンと同じ大きさに切る。

2 皮、ベーコン、皮、ベーコンの順に重ねて縦3等分に切る。

3 1つを端からくるくると巻き、巻き終わりを爪楊枝でとめる。残りも同様にして計3個作り、爪楊枝をアルミホイルで覆う。

4 天板にアルミホイルを敷いて**3**をのせ、全体に薄くサラダ油（分量外）を塗る。トースターで片面3〜5分ずつ焼く。

ハムの花

材料（1個分）

ハム ………………………………………… 1枚

作り方

1 ハムを半分に折り、中央に2〜3cmの切れ目を細かく入れる。

2 端からくるくる巻く。

3 ラップで包んで形を固定する。皿にのせて電子レンジで10秒加熱する。

4 粗熱がとれたらラップを外す。急いでいる場合は冷凍庫で5分ほど冷やしてから外す。

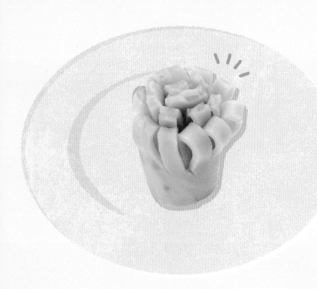

カニかまのハムチーズ巻き

材料（4個分）

ハム ………………………………………… 1枚
スライスチーズ ……………………………… 1枚
カニ風味かまぼこ ………………………… 2本

作り方

① 耐熱皿にラップを敷いてハム、チーズの順にのせ、はみ出たチーズを内側に折る。電子レンジで10秒加熱する。

② カニかまをのせて端からくるっと巻き、ラップで固定する。粗熱がとれたら4等分にする。

うずらの
ベーコン巻き

材料（2個分）

ハーフベーコン ……………………………… 1枚
うずらの卵 …………………………………… 2個

作り方

① ベーコンは縦半分に切る。

② うずらをのせて端から巻き、巻き終わりを爪楊枝でとめる。トースターで3分焼く。

ひまわりウィンナー

材料（2個分）

ウィンナー ……………………… 1本
スパゲティ ……………………… 2cm
卵 …………………………………… 1個
Ⓐ 水 ……………………… 大さじ½
　 片栗粉 ………………… 小さじ½
　 塩 ……………………………… 少々

作り方

1 ウィンナーは両端を少し切り落として半分に切る。断面に細かく格子状の切れ目を入れる。パスタは少量の油（分量外）で揚げて半分に折る。

2 ボウルにⒶを入れて片栗粉が溶けるまで混ぜる。卵を割り入れてよく混ぜる。

3 卵焼き用フライパンにサラダ油適量（分量外）をひいて中火にかけ、2を注ぐ。全体に薄く広げて弱火で表面が乾くまで焼いて取り出す。

4 同じフライパンでウィンナーを焼く。3を縦半分に切り、それぞれ写真のように中央に1.5cmほどの切り込みを入れる。

5 4の卵を半分に折り、ウィンナーを端にのせてくるくると巻き、巻き終わりを1のパスタでとめる。

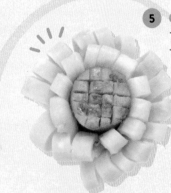

ハートのウィンナーフライ

材料（2個分）

ウィンナー ……………………… 2本
Ⓐ 小麦粉、水
　 ………………… 各大さじ½
パン粉 …………………………… 少々

作り方

1 ウィンナーは中央で斜め半分に切る。切り口を合わせてハートの形を作り、横から爪楊枝を刺して固定する。

2 1に合わせたⒶ、パン粉の順に衣をつける。

3 フライパンに多めのサラダ油（分量外）をひいて中火にかけ、2を入れて両面を揚げ焼きする。

あおむしくん

材料（1個分）

赤ウィンナー …………………… 1本
スパゲティ ………………………… 2cm
枝豆 …………………………………… 4粒
黒いりごま ……………………… 2粒
マヨネーズ、
　　トマトケチャップ、焼きのり
　　……………………………… 各少々

作り方

1 赤ウィンナーは7mm幅の輪切りにする。スパゲティは少量の油で揚げて半分に折る。

2 爪楊枝に枝豆4粒、赤ウィンナーの順に刺す。

3 ウィンナーの上部にスパゲティを刺してツノを作る。目の位置に少量のマヨネーズをのせ、ごまをのせる。

4 口の形に切ったのりをのせる。

5 のりを口部分に貼り、頬はトマトケチャップで作る。

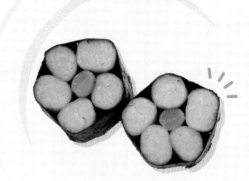

ウィンナーの花のり巻き

材料（2個分）

ウィンナー（細めのもの）… 5本
いんげん ………………………… 1本
焼きのり ………………………… 少々

作り方

1 耐熱皿にウィンナーといんげんをのせ、ラップをして電子レンジで15秒加熱する。

2 のりといんげんをウィンナーの長さに合わせて切る。

3 のりの上にウィンナーでいんげんを囲むように並べてくるっと巻き、ラップで固定する。

4 のりがしんなりしたら食べやすい大きさに切る。

ちくわのとり

材料（1個分）

ちくわ	1本
コーン	2粒
黒いりごま	2粒
マヨネーズ	少々
トマトケチャップ	少々

作り方

1 ちくわは1.5cm幅の輪切りにする。

2 ちくわの穴にコーンを横向きに2つ詰める。

3 目をのせる位置に爪楊枝で少量のマヨネーズをのせ、黒ごまをのせる。爪楊枝で少量のトマトケチャップをのせて頬を作る。

ちくわと
かまぼこの花

材料（1個分）

ちくわ	1本
かまぼこ	少々

作り方

1 ちくわは端の白い部分を切り落とす。切り落とした部分を使う。

2 ①に写真のように5mm深さの切れ目を5ヶ所入れる。

3 かまぼこを1〜2mm厚さに切り、端からくるくる巻いてちくわに刺す。

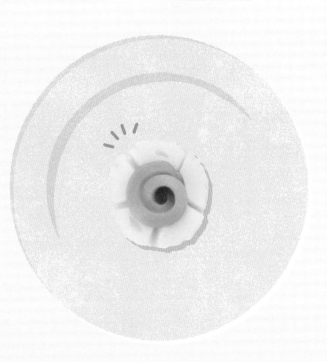

ちくわのえびフライ風

材料（2個分）

ちくわ ……………………………………… 1本
赤ウィンナー ……………………………… 2本
Ⓐ｜小麦粉、水 ……………………… 各大さじ1
パン粉 ……………………………………… 少々

作り方

1 ちくわは半分に切る。片側の穴に少しはみ出すように赤ウィンナーを詰める。

2 赤ウィンナーのはみ出た部分を斜めに切り、中央に2本切り込みを入れて尻尾を作る。

3 ちくわに合わせたⒶ、パン粉の順で衣をつける。

4 フライパンにサラダ油（分量外）をひいて中火で熱し、**3**を並べて全体を揚げ焼きする。

2

くるくるちくわ

材料（作りやすい分量）

ちくわ ……………………………………… 2本
スライスチーズ …………………………… 1枚
焼きのり（またはハム、大葉）…………… 適量

作り方

1 ちくわは縦に切れ目を入れて開き、格子状に切れ目を入れる。

2 スライスチーズは半分に切る。のりはスライスチーズと同じ大きさに切る。

3 ちくわの上にチーズ、のりの順に重ねて端からくるくる巻く。

4 ラップで巻き、耐熱皿にのせて電子レンジで20秒加熱する。冷凍庫で5分冷やし、ラップを外して食べやすい大きさに切る。

はんぺんギョニソのチーズ巻き

材料（作りやすい分量）

はんぺん	½枚
魚肉ソーセージ	½本
スライスチーズ	1枚

作り方

1. 魚肉ソーセージは端の丸い部分を切り落とす。縦半分に切り、さらに縦半分に切って細長くする。

2. はんぺんは魚肉ソーセージの大きさに合わせて切る。

3. ❶、❷を市松模様になるように重ねる。

4. 耐熱皿にラップを敷き、チーズをのせて電子レンジで5〜7秒加熱する。

5. チーズの上に❸をのせて端からくるくると巻き、ラップで固定する。冷凍庫で5分冷やして食べやすい大きさに切る。

はんぺんの花

材料（作りやすい分量）

はんぺん	1枚
ハム	1枚
スライスチーズ	1枚
マヨネーズ	少々

作り方

1. はんぺん、ハム、チーズは型で花形にする。

2. はんぺんは厚みを半分に切って2枚にする。1枚だけストローで中央をくり抜く。

3. はんぺん、マヨネーズ、チーズ、ハム、くり抜いたはんぺんの順に重ねる。

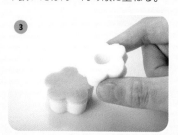

道具

花形の型	1個
太いストロー	1本

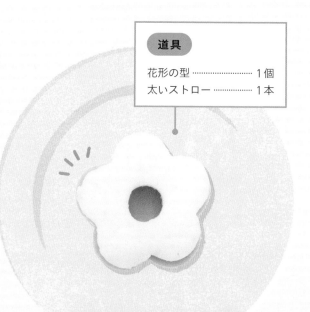

カニかまリボン天ぷら

材料（3～4個分）

カニ風味かまぼこ …………………………… 3～4本
焼きのり …………………………………… 少々
Ⓐ｜てんぷら粉、水 ……………… 各大さじ½

作り方

1 のりは短冊状に細長く切る。

2 カニかまの中央にのりを巻き、両端をほぐしてリボン状にする。合わせたⒶを絡める。

3 フライパンに多めのサラダ油（分量外）をひいて中火にかけ、2を入れて両面を揚げ焼きする。

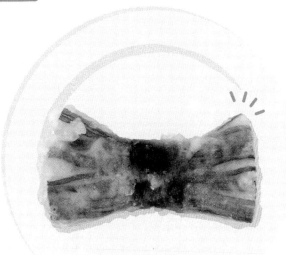

結びなると

材料（4個分）

なると ………………………………………… ½本

作り方

1 なるとは長辺のうち1辺の白い部分を切り落とす。切り口にピンクの部分が見えていたらOK。

2 ピーラーで薄くスライスし、細長い短冊状に4等分にする。

3 完成写真のように1本ずつ結ぶ。

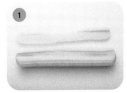

\ 失敗しない! /
簡単おにぎらずの作り方

意外ときれいに包むのがむずかしいおにぎらずは、
牛乳パックの型を使えば簡単！　手で持ってパクパク食べられるので
普段のお弁当はもちろん、遠足やピクニックなどにもおすすめです。

スパムと卵のおにぎらず

スパムと卵をはさんだ定番の組み合わせ。最初に作りたい一品！

型の作り方　　用意するもの　　1000mlの牛乳パック ·················· 1個

1 牛乳パックを縦半分に切り、注ぎ口側に2ヶ所切り込みを入れる。

2 切り込みを入れた部分をたたんで箱型にし、テープやホチキスでとめる。

おにぎらずの作り方

材料 (作りやすい分量)

焼きのり (全形)……………………… 1枚
ごはん……………………………… 220g
卵…………………………………… 1個
スパム…………………………… ½缶
塩……………………………… 小さじ½

Ⓐ 水……………………………… 大さじ½
片栗粉…………………………… 小さじ½
塩………………………………… 少々
サラダ油…………………………… 適量

> **Point**
>
> 塩を多めに入れることで、時間が経ちのりが塩をすっても味がぼやけない。

1 ボウルにごはんと塩を入れて混ぜる。

2 別のボウルにⒶを入れ、卵を割り入れてよく混ぜる。サラダ油をひいたフライパンに流し入れ、弱火で表面が乾いたようになるまで焼く。

3 スパムは半分の厚さに切り、フライパンで両面に焼き色がつくまで焼く。

4 型にラップを敷いてのりを敷き、ごはんの1/2量を詰める。薄焼き卵、スパムの順にのせる。

5 残りのごはんを詰め、しゃもじでぎゅっと押し固める。切り分けるときにくずれにくくなる。

6 のりで閉じてラップで包む。のりがしんなりしたら型から外して6等分に切る。

サラダおにぎらず

ツナ、きゅうり、カニかま、卵を合わせたサラダ巻き風おにぎらず!

材料（作りやすい分量）

焼きのり（全形） ······················ 1枚
ごはん ···································· 220g
ツナ缶 ······································ 1個
きゅうり ·································· ½本
卵 ·· 1個
カニ風味かまぼこ ··············· 4本
塩 ······························· 小さじ½
マヨネーズ ···················· 大さじ1
🅐 水 ···························· 大さじ½
　片栗粉 ················· 小さじ½
　塩 ·································· 少々
サラダ油 ·························· 適量

作り方

1 ボウルにごはんと塩を入れて混ぜる。

2 ツナ缶は油を切り、マヨネーズと和える。きゅうりは細切りにして塩揉みし、水気を切る。

3 別のボウルに🅐を入れ、卵を割り入れてよく混ぜる。サラダ油をひいたフライパンに流し入れ、弱火で表面が乾いたようになるまで焼く。

4 型にラップを敷いてのりを敷き、ごはんの½量を詰める。

5 カニかま、きゅうり、ツナ、薄焼き卵、残りのごはんの順に詰め、しゃもじで押し固める。

6 のりで閉じてラップで包む。のりがしんなりしたら型から外して6等分に切る。

キンパ風おにぎらず

甘辛い牛肉にナムルを合わせて食べごたえ◎

材料（作りやすい分量）

焼きのり（全形）……………… 1枚
ごはん ……………………… 220g
たくあん ……………………… 6〜8枚
牛こま切れ肉………………… 50g
にんじんナムル（→P68）、
　ほうれん草のナムル（→P64）
………………………………… 各適量
塩 ……………………………… 小さじ½
Ⓐ 焼肉のたれ ……… 大さじ½
　 コチュジャン …… 小さじ½

作り方

1. ボウルにごはんと塩を入れて混ぜる。たくあんは細切りにする。

2. フライパンに牛肉を入れて中火で焼き、火が通ったらⒶを加えて味付けする。

3. 型にラップを敷いてのりを敷き、ごはんの½量を詰める。

4. にんじんナムル、ほうれん草のナムル、たくあん、2、残りのごはんの順に詰め、しゃもじで押し固める。

5. のりで閉じてラップで包む。のりがしんなりしたら型から外して6等分に切る。

Staff

撮影 ……………………… 島村 緑
デザイン ………………… 細山田光宣・藤井保奈・鈴木あづさ（細山田デザイン事務所）
調理・スタイリング ……… 井上裕美子（エーツー）
調理補助 ………………… 石川みのり・藤司那菜・堀金里沙（エーツー）
校正 ……………………… 東京出版サービスセンター
編集 ……………………… 長島恵理（ワニブックス）

レンチン&トースター&作り置きで！

朝悩まないお弁当

2023年4月12日　初版発行

著　者
はるめし

発行者　横内正昭
編集人　青柳有紀

発行所　株式会社ワニブックス
〒150-8482　東京都渋谷区恵比寿4-4-9 えびす大黒ビル
ワニブックスHP　https://www.wani.co.jp/

（お問い合わせはメールで受け付けております。
ＨＰより「お問い合わせ」へお進みください。）
※内容によりましてはお答えできない場合がございます。

印刷所　凸版印刷株式会社
DTP　株式会社明昌堂
製本所　ナショナル製本

定価はカバーに表示してあります。
落丁本・乱丁本は小社管理部宛にお送りください。送料は小社負担
にてお取替えいたします。ただし、古書店等で購入したものに関し
てはお取替えできません。
本書の一部、または全部を無断で複写・複製・転載・公衆送信する
ことは法律で認められた範囲を除いて禁じられています。

©はるめし2023
ISBN 978-4-8470-7290-1